心理极限状态

［法］帕特里克·沙里耶

阿斯特丽·伊尔什莱曼－安布罗西　著

王金涛　译

天津出版传媒集团

天津人民出版社

图书在版编目(CIP)数据

心理极限状态 / (法) 帕特里克·沙里耶, (法) 阿斯特丽·伊尔什莱曼－安布罗西著；王金涛译. -- 天津：天津人民出版社, 2017.5
（法国大学 128 丛书）
书名原文：Les Etats limites
ISBN 978-7-201-11647-1

Ⅰ. ①心… Ⅱ. ①帕… ②阿… ③王… Ⅲ. ①心理学
Ⅳ. ①B84

中国版本图书馆 CIP 数据核字(2017)第 084175 号

著作权合同登记号　图字 02-2016-216
Les Etats limites, by Patrick CHARRIER and Astrid HIRSCHELMANN
© ARMAND-COLIN, Paris, 2015
ARMAND-COLIN is a trademark of DUNOD Editeur
Simplified Chinese language translation rights arranged through Divas International, Paris 巴黎迪法国际版权代理 (www.divas-books.com)

心理极限状态
XINLIJIXIANZHUANGTAI

(法) 帕特里克·沙里耶, 阿斯特丽·伊尔什莱曼－安布罗西 著；王金涛 译

出　　版	天津人民出版社
出版人	黄　沛
地　　址	天津市和平区西康路 35 号康岳大厦
邮政编码	300051
邮购电话	(022)23332469
网　　址	http://www.tjrmcbs.com
电子信箱	tjrmcbs@126.com

策划编辑	臧　策
责任编辑	霍小青
封面设计	汤　磊
版式设计	丁桂发

印　　刷	高教社(天津)印务有限公司
经　　销	新华书店
开　　本	787×1092 毫米　1/32
印　　张	4.25
字　　数	85 千字
版次印次	2017 年 5 月第 1 版　2017 年 5 月第 1 次印刷
定　　价	25.60 元

版权所有　侵权必究
图书如出现印装质量问题,请致电联系调换(022-23332469)

引　言

　　应该把握什么样的标准,极限状态才能被看作是一种病理的状态? 在传统意义中,极限状态的内容既覆盖了社会关联, 又包含了通过某种方式与极限概念紧密关联的道德基准,然而,如果我们参考的是精神病理学标准的话,那么精神病理学在极限状态的范围内所涵盖的内容,要远远超过极限状态在传统意义中的内容。D.维德洛切认为(1994 年):"精神病理,既是被用来研究的精神障碍,又是研究精神障碍的科学。这种双重含义,应被理解为,随着时间推移,精神病理的科学所寻求的,不仅要描述出患者的特异之处,而且要对障碍的本质、障碍的心理机制以及障碍的起因,进行定义。"

　　然而,极限的概念却是模糊不清的,患者对极限的应用也是依据情况而定,有时付诸行动,有时内心忍受。因此,极限表现出的情况,远远多于在认识领域所规定的标准和数值影响下的其他任何患病实体。这样的评价,在对病理学领域提出质疑的同时,在更广泛的范围内激起了反对这种评价的声音,因为这种评价违反了某项规则,它所指的界限,是行为所触犯的界限。我们由此就可以更好地理解,极限状态的本质,其实是一种理念,它反复质疑那片已被普遍接受的、由精神病和神经官能症所占据的领域,以便表露一种划定距离的样子,与这两者保持距离。

病理学方法,不在于解释病理事实,而在于借助病理事实,达到解释正常事实的目的。借助病理事实,会发现患者的一些思维和行为过程,通过这些过程的差异和缺陷,揭露出,到底是什么,导致某些心理进程的反常,而非思维和行为的反常。这种理念会导致距离被取消,或者说界限被取消,从而促进建立一种心理动力学的连续性,到那时,精神疾病就会非常接近心理稳定常数,而后者常被当作心理很健康的特征。

因此,极限状态占据了一片变化不定的领域,后者成为其构成的本质内容。它引发了激烈的论战,其中的一种激进的科学观点,过分追究极限状态到底存不存在,以反对某种非定位的观点。换句话说,一些人在发明一些极限或是一种对疾病分类控制的同时,另一些人更加关注具有"转疾病分类"特点的突出个体,其冲动的性格、焦虑、抑郁等表现(奇怪的是,这些也都是极限状态的明显指标),是典型的特征。

对极限状态的看法,在本书的前四章中进行讨论。为了更好地理解这一看法是如何形成的,回顾这一概念形成的历史及其演变,似乎是不得不考虑的事情了。

第二章是针对不同认识论领域,进行了一次探讨。得出的结果是,极限状态,要么看作稳定的心理布局,要么看作治疗的后续表现,要么看作一种社会关联效应。依据这种三分法,第三章和第四章将通过两种不同的临床教学,更准确地提出应如何谈论极限患者。

第三章力求阐明,症候群临床教学中的不同理论和研究成果,第四章则希望通过一些质疑极限状态的起因和其心理动力学进程的研究成果和解释性的典型案例,对前一章内容进行补充。

与极限状态测定和诊断相关的社会变量,总结为下面两个方面:

1. 极限状态构成了体现在社会中得失的领域,这一领域占据着一片空白的空间,人们给予这片空间一种被排斥的存在;因此,极限状态是由社会反应所决定的。

2. 极限状态被看作是对某种类型的社会关联的体现。当患者或负责他的医生,失去迁移手段时,治疗关系、教育关系以及整体心理治疗关系就会变得糟糕,那时极限状态就会浮现出来。

极限状态最初的表现,必然变成一种消极的"事实",它被看作是一种缺陷的表现(或是患者心理上或在社会中的一种失灵),显示出患者的人格及人际关系的功能。此后,研究者们穿过了与众不同的精神病理学,从而靠近一种实证主义的意识形态。

上述观点需要我们做出一种抉择,即如何命名心理进程的精神病理,这一病理使患者在某种冲突中,构建出极限状态,而社会群体对这种冲突很可能进行反抗和镇压,采用的措施则缺少道德方面的考虑。

然而,将在极限状态中以及由极限状态所激起的冲突概念化,要求我们必须从对极限状态客体的复现表象,转至对极限状态患者的复现表象上来,因为将冲突概念化,需要我

3

们隐含地或明确地参考正在争辩的多元性观点，这些观点需要被充分表达出来。这种冲突无论是内在的（心理内部）还是人际关系间的，甚至它明确突显出与社会群体和规则制定者的对立，这种冲突必然是我们在本书中所涉及的一个重要问题。

本书最后一章中提到的论战，是围绕精神分析法概念中对控制与依赖的中间性把握展开的，因为这两个内容，都需要他人的参与，并且在一种动力驱动下紧抓着他人不放，这种极特殊的动力，在对极限状态承担责任的社会政策方面，必然造成一些影响。

本书从理论层面和实践层面，充分考虑到极限状态概念的复杂性，因此不会试图平息论战，而是力求将围绕这一病理事实产生不同论断的理论依据并联系起来。在此意义上，通过本书，我们一定能够带来的，是围绕着极限状态产生的怀疑。

目　　录

第一章　极限状态的历史范畴 /1

1. 极限状态与精神病学 /1

　　1.1 精神分裂症:用以理解极限状态的精神病学范例/2

　　1.2 极限状态在精神病学中表现的行为及思维方式 /4

　　1.3 精神病学与极限状态:发展现状 /6

2.极限状态与精神分析法 /9

　　2.1 弗洛伊德……位于界限之间 /10

　　2.2 后弗洛伊德派 /13

第二章　极限状态的认识论范畴 /17

1. 我们从哪里谈起? /17

　　1.1 精神病理学中的结构概念 /18

　　1.2 不同状态下的心理结构:健康状态及患病状态/19

　　1.3 心理结构及其诊断:因果关系的关键 /21

2. 我们在谈论哪些"极限状态"? /24

　　2.1 作为精神病理学稳定实体的极限状态:结构、组
　　　　织、布局 /24

2.2 极限状态是对社会人类学发生转变的隐喻……拉康派的观点 /31

2.3 极限状态作为传统分析治疗中"无法解决的问题"的衍生物 /39

第三章 流行病学,病原学及评估方法 /47

1.TLP 的流行病学 /48

2.TLP 的病原学 /49

2.1 父母精神病理所造成的影响 /50

2.2 依恋过程的错乱 /52

2.3 被忽视与被欺辱：造成重大创伤 /53

3.TLP 诊断的有效性、准确性、敏感性 /55

4.TLP 的评估方法 /59

第四章 极限状态在精神病理学方面的精神分析研究方法/63

1.依据神经官能症和精神病系统看待极限状态的遗传学表象 /64

1.1 神经官能症系统的起源 /65

1.2 精神病系统的起源 /67

1.3 极限状态系统的起源 /68

2.极限状态的心理系统、动力学和数据统计表现 /75

2.1 心理机能的空间结构 /75

2.2 焦虑的本质、它与客体的关系 /78

2.3 心理防卫机制 /81

3.评估极限状态的心理动力学方法 /89

　3.1 主题统觉测试(TAT)/90

　3.2 罗夏氏墨迹测验 /97

第五章　极限状态的临床表现以及推论的弊害 /103

　1.推论的弊害 /104

　2.极限状态中的控制与依赖 /110

结 论 /117

参考文献 /119

第一章 极限状态的历史范畴

1. 极限状态与精神病学

所谓精神疾病的概念，并不是一种固定不变的内容。恰恰相反，它是按照精神病学领域中所提及的行为，以千变万化的方式不断演变。如果说在传统时代的普通医院看来，精神病学曾一直被看作精神病院里的事情或是与集中营里的犯人相关（福柯），那么如今的它与西欧的启蒙运动时代如出一辙，成为一种力求更为人道的"临床性"医学。无论这种影响是表面的、实际行动上的或是心理上的，关注的内容此后都会聚焦在患者身上，而研究者们也力求将这一心理研究的对象重新安顿在医院的围墙之外。

作为感知精神疾病和治疗精神疾病的学科，精神病学经历了逐步的发展，并对精神病理的命名方式、编索引方式以及治疗方式做出了贡献。因此，那些现今通常被命名为极限状态的病人们，也出现在构成"现时性精神病研究"（坦西，682）的概念和分类系统中时，不会令人感到意外。

1.1 精神分裂症：用以理解极限状态的精神病学范例

20世纪前半叶的精神病学，是以对精神分裂症患者的研究作为学科认识论的支撑点，研究对象覆盖了被收容所接纳的患有精神疾病的大部分人群。因此，极限状态的临床研究，无法一上来就马上实施独立的方法，而是一直以研究精神分裂症的表象现身于世并不断发展。只有症候学①明确指出，这种研究将超越精神分裂症的范畴，到达一片仍未探索到的领域。精神分裂症以及情绪性精神病的相关研究，一直是当时精神病学的核心内容，而在这个核心的周围开始出现许多不同的概念，它们的出现，能够命名出那些已知病情"达到极限时"的临床表现。了解一下E.布鲁勒的研究方向，就会有趣地看到，这位"精神分裂症之父"体会到，为了命名一种从不会明显表露的精神分裂症这种精神状态，需要建立隐潜的精神分裂症这一概念。研究人员在典型的精神病患者身上，发现一种防御组织，它伴随出现一些可以称为"恰当的"行为，这些行为非常近似传统意义上的神经官能症。C.查伯特（1999年，7）也提出了大量概念，它们近似E.布鲁勒所描述的内容："无须住院的精神分裂症""次精神分裂症""非典型精神分裂症"。于是我们可以逐步地描述出那些虽然被诊断为正常人格，但是的确存在心理疾病的特征，进而描述出具有轻微病理的人格，它们有时候并未出现在完整的临床报告中。

---

① 症候学是对一种疾病的症候的研究。重点放在通过诊断病人来获得一定的病情的研究上。

德国的克雷奇默所做的研究,就是在上述这一范畴中进行。他以生物属型学为基础,引入类精神分裂症体质这一概念,用以全面描述一种特殊的精神状态,研究的对象是患有心理病态人格的患者,他们的精神障碍,是在所谓"正常的"性格障碍预防措施和疾病逐步发作(精神分裂症)之间的一种过渡。

在法国,我们不能忽略 E.敏柯斯基(1924年)这位现象学家提出的概念,他更为关注性格障碍病症的发作,进而完善了之前由克雷奇默提出的概念:"这些研究对象,只在性格方面存在精神分裂症的心理结构,这不会导致其他方面的精神障碍。"

克劳德提出的分裂样狂躁症(1926年)被定义为一种病理的状态,这种状态的出现,根源于类精神分裂症体质在情感出现争执的时候。这种会诱发情绪紊乱的病态实体,被划为精神分裂的范畴,这一范畴在克劳德看来,一方面不同于神经官能症,因为他发现神经官能症中具有植物神经系统的错乱表现;另一方面也不同于确切的"精神病"。

在 H.艾雨(1955年)所提出的分裂性神经官能症观点中,同样描述了边界状态这一概念,其特点表现为间歇性不协调和非首次发作的突发谵妄症,尤其表现出病症与神经组织密切相关。这种分裂性神经官能症,就是最初对极限状态的描述之一,这一描述并不是来自于精神分析法,而是来自于临床实验和对疾病分类的思考(C.查伯特,1999年,7)。

一部既是疾病分类学科著作的合集,又是症候学著作的合集,在精神病学科领域出版,证明了一种研究趋势的出现。

它面对那些在特殊精神状态下的精神病患者,给予他们一部分自主性,同时当他们出现了由精神分裂症所衍生的各种行为之后,坚决束缚住他们。可见,要想或多或少地远离那时采用的治疗分类体系似乎很难,甚至会被看作是异端行为。

毫无疑问,从 20 世纪 50 年代开始,正是那些讲英语的精神病学专家,使极限状态的独立临床研究得到了长足的发展。精神病学曾一直深受心理动力学模式的影响。尤其是在美国,大量的研究工作拘泥于由哈特曼和科胡特推崇的研究自我的心理学理论框架内。在英国,推动理论前进的研究成果,主要是 M.马勒关于隔离与个性化过程的研究,以及 M.克莱恩提出的偏执型类精神分裂症和抑郁症的见解。这些成果都影响巨大,作者间的共同之处在于,并未鉴定出极限状态表现的特征性症状,认为它只是一些特定症状所表现的症候群,这就使极限状态重回心理结构的①诊断上,从而与对自我的病理学研究紧密相连。

1.2 极限状态在精神病学中表现的行为及思维方式

如果需要概述一下精神病学为极限状态的临床治疗所做出的各种贡献,那么就要提到三方面内容,它们使疾病的分类得到重新调整:

● 对治疗的抵触:从 20 世纪的前半叶开始,精神病专家们就体会到,许多被确诊为精神分裂症的患者都不是以积极的行为对待医生所建议的治疗(化学疗法、心理疗法)。

---

① 与极限状态产生相关联的心理结构这一概念,将在第二章中讨论。

这种对治疗的抵触是一种可靠的信号，它说明诊断可能出现了偏差以及更加精确诊断的需求。因此，原有的诊断体制受到了质疑。

● 对临床表现的研究：精神病专家们尽管受到弗洛伊德理论的影响，但并没有完全屈从于以解析方式实施临床治疗，他们在可观察到的全部症候和现象中发现，其中混杂着典型精神病患者的自我防御态度，以及与神经官能症症状"相匹配的"行为举止。这些发现，一方面，使专家对患者精神分裂症的诊断结果产生质疑；另一方面，也说明出现了新型的病态实体。

● 全凭经验的研究：全凭经验的研究很难从技术层面实施，它的功绩在于通过一些"严格的、有效的、可普及的"标准，找出原始的患病状态。我们可以列举两个凭借经验进行研究的病例，它们都可以有效地诊断出极限状态：

——继霍克和博拉丁采用的对比 109 名患有伪神经质精神分裂症的患者进行的纵向研究（1949 年）之后，霍克、卡特尔及其同事们开展的研究（1962 年）。他们认为，在大多数病例中，疾病是经历着缓慢的发展过程，有时因不稳定性格的精神病发作（过分担心自己健康的想法，人格解体）而加重，但基本特征都是病情持续时间较短。他们还强调指出，在109 名患者中，只有 20% 的人对精神分裂症的症状学研究起到了作用。事实上，只有其中一半的患者，也就是说占全部患者的 10%，其病情是慢性发展的。相反地，三分之一病情发展有助于研究，但这样的数量满足不了研究的需要（坦西，689）。这种凭经验研究的价值在于，从宽泛的样本中得出这样的结论,即对伪神经质精神分裂症的诊断,首要的是从神经官能症的症状(通常是多样的)中,揭示出精神分裂症的初期症状(如联想障碍、情感僵硬、情绪矛盾……)。在这些研究路线间,我们已经可以推测出精神病理学对极限状态的或然判断了。

——格林柯尔将研究的重点放在边缘综合征方面(1968年)。他的研究水平超过了前人。在他之前,研究者只是想要将自主的病态实体作为极限状态提出来,之前的霍克和卡特尔,一直通过精神分裂症的阴性症状,对极限状态加以定义。然而,格林柯尔则尝试着从 51 位被确诊为极限状态的患者中,收集一些临床数据,从而找出症候群的因素特征,并通过数据统计分析,证明了自己对边缘综合征研究方式的有效性(坦西,705,被伯努西重新提到,2000 年,52)。他于是总结出下列特点:好斗性作为极限状态病人表现的主要情感;各种情感联系的缺失;认同障碍;与孤独感相关联的抑郁状态。格林柯尔还将极限状态患者划分为四个子群,似乎是按照这一连续性来划分的:"患精神病的极限状态"——"具有极限状态本质特点的" 中间状态——疑似极限状态——"神经质极限状态"。至少,这样的线性划分,对区别治疗各种极限状态的混杂症状做出了贡献,首先是格林柯尔,随后是其他人,直至今日,这种划分仍在沿用。因此,极限状态在精神病学的疾病分类中,很难找到一片自己独属的领域。

1.3 精神病学与极限状态:发展现状

如今,我们不仅在精神病院中,而且在科学方面的出版文章中发现,被确诊的极限状态会出现复发情况,或者更恰当地说,是边缘性人格障碍[①]疾病的复发。这一症状表现在北美精神病学家们已经完成的清晰而概括的论文中就已经被提到。事实上,这些精神病学家在五十年前就出版了一本《精神疾病诊断与统计手册》(DSM),以它作为"一种理论依据",对将人格各种的障碍编成索引贡献颇大。每种人格障碍都依据不同标准组成的列表,其中的一些标准对于疾病的确诊是非常必要的。

目前,精神病学领域参考的标准,正是《精神疾病诊断与统计手册第四版》(DSM-IV-R)(1994年出版)。它将边缘性人格障碍(P.763)定义为这样一种普遍模式:人际关系不稳定,自我意象的不稳定以及情感的不稳定,这种情感具有明显的冲动性,它出现在刚刚成年后,并在不同的环境中有所表现。对于边缘性综合症的表述,是在手册中的第二轴上;据此理论,边缘性综合征并非一种疾病(或称"障碍"),而是位于第一轴所指出的一种人格。为了能够确诊,患者首先必须为成年人,同时要至少符合下列标准中的五项:

表一:边缘性人格的诊断标准

- 为了使自己免遭实际的或想象的抛弃而努力过分。
- 不稳定且紧张的人际关系模式,特征是在过度理想化及否定价值这两个极端之间不断变更。
- 认同障碍:对自我意象或自我概念表现出持续而明显的不稳定。

[①] 对于边缘性的定义,在学术专著中被看作是极限状态的同义词。

- 可能导致患者自我伤害的至少两种冲动行为（例如：花钱，性欲，驾车……）。
- 反复出现自杀性的行为、姿态、威胁，或自伤行为。
- 由于情绪反应激烈而导致的情感不稳定。
- 持久的空虚感。
- 不合宜且强烈的恼怒，或对恼怒难以控制。
- 在紧张的情况下，突发短暂性的被迫害妄想或严重分裂症。

《精神疾病诊断与统计手册第四版》的标准，具有将人格障碍实体化从而简化诊断的优点。因此，来自不同国度的许多精神病医生，在参考这些诊断标准后，都会明白所提及的是同一种病态实体。就此，专家们就达成共识地建立了边缘性人格障碍不完善的范畴，因为这一范畴不会对疾病预后和指导治疗提供任何有效的内容（C.查伯特，8）。另一方面，由北美精神疾病医生群体所提供的临床表现集合，似乎并不是专门性的，常与诸如类精神分裂症人格（DSM-IV, 757），反社会人格（C.查伯特，763）以及自恋型人格（C.查伯特，775）的临床表现相混淆。归根到底，通过可操作的包含法与排外法的症候学标准，来定义一种综合征或是某种类型的人格障碍是很困难的，因为这些标准如果不统一，则可能导致精神病医生之间广泛的一致；而这种困难也清晰地揭示了构成疾病分类理论框架的界限。上述看法对定义极限状态这一概念并无用处，这种看法，力图将所有病例都集中到"可以进行疾病分类"的界限中。与此相反，"基于心理研究理论与方法的精神分析法，对极限状态的定义起到了根本性作用"（C.查伯特，8）。

2.极限状态与精神分析法

如果说精神病学流派将极限状态的概念,定义为"四个方面交汇的十字路口式"的范畴,即精神分裂症、精神失常、神经官能症以及医学观察发现的可能会恶化为明显的精神病特征的病人群体,那么精神分析法的实践表明,神经质或性格障碍表象的不同精神状态,在治疗过程中都曾出现偏执症患者常见的自我防护或症候。某些精神分析学专家很关注这一现象,并认为这些病人拥有稳定而特殊的心理结构,并且形成了一种独立的患病实体。不言而喻,这种极限状态的概念表明,神经官能症和精神病的概念可能是不确切的,因为它们与 14 世纪精神病学提出的概念一样,认为自身是"单一性疾病"。

但是,对于精神分析法来说,极限状态的概念首先具有明显的启发性价值①。安德鲁·格林(1980 年,33)明确指出,在对这些极限状态病例的分析中抽选出一种范例,可以作为研究方法的理论依据,甚至是对精神分析法治疗全过程进行重新评估的基础和依据。然而从 1950 年开始,出现了对极限状态病例范围的质疑。这种质疑一开始是针对"局部性"问题,然后专家们马上就意识到,问题出在了分析方法本身上,因为所谓的疑难症具有自我更新的能力。

---

① 当某种概念有助于发现某种理论时,这样的概念是启发性的。在这里,是指启发性被看作是指向性的概念,并不是概念自身。

2.1 弗洛伊德……位于界限之间

现今可以确定的是，虽然弗洛伊德从没有在他著作中提及极限状态，那么他的著作也已经勾勒出了一种全新的临床研究方向，虽然他本人未能将其表述出来。有人会说，他的心理结构如同他的个人经历，必然会阻止他去研究所谓的"极限状态"病例，而始终研究神经官能症。在弗洛伊德看来，只有神经官能症、精神病和心理倒错，才能在自己建立的疾病分类中占有一席之地。然而，在我们辨别出各个界限，并与这种划分保持合适的距离时，就可以隐约看到导致如今极限状态不同概念的理论基石。

弗洛伊德的成果体现为三个重要时期。第一阶段开始于他与约瑟夫·布洛伊尔合作完成的《歇斯底里论文集》（1897年），这本书成为他神经官能症理论的核心内容。随后发表了《梦的解析》（1900年），在文中，弗洛伊德第一次展示了自己对心理机能的构想；而《第一组心理系统图解》，则明确提出三种明显不同的系统：无意识、自我意识和前意识。在这一模式中，作者重点放在对压抑和反抗的研究。弗洛伊德尤其关注性欲的发泄途径，它主要表现为性欲失控、性欲稳定 / 性欲减退和性变态。自从弗洛伊德研究神经机能病开始，他就认为，性方面的病原，毫无疑问，会明显影响神经官能症机能的随后变化。在首次提出这一概念时，弗洛伊德只是从神经官能症的角度来考虑其病理学特征。一方面，将迁移性神经官能症，与当时存在的神经官能症区别看待；另一方面，又将它与精神性神经官能症区别看待。至于自我的自恋机能，是属于极限状态研究的成果，而它并未出现在弗洛伊德的想法中。

就在 1914 年至 1915 年间，标志着弗洛伊德思想体系发生了转变。第二组心理系统图解的内容有所创新，反映出他思想体系形成的第二阶段。在此期间，《为了介绍自恋》（1914年发表在《性生活》）和《哀伤与忧郁症》（1915 年发表在《后设心理学》）等文章相继发表。这两篇主要作品，促进了学者们把对外部现象冲突的研究（诱奸理论与性欲的病因学研究），转向对内在性欲冲突的研究。《为了介绍自恋》一文中提出了患者赋予自身人际关系的限定要素，即通过对客体的选择，承认自身人际关系源于其他人的存在。而在《哀伤与忧郁症》一文中，则探讨了患者在客体缺失情况下的行为表现，为忧郁性自恋的影响和（或）忧郁性自恋的内涵研究开辟了道路。当然，文章也进行了理论修正，阐述了一些对癔病和自恋症识别的方式，——它们是对目前精神分析法研究极限功能的实质性看法（C.查伯特，85）。归根结底，对自恋症患者的临床诊断使弗洛伊德创立了自我理论以及患者将自身主体与客体的关系内化的理论，这第二个理论与后弗洛伊德学派学者们研究疾病分类的论文将构成一个整体系统，其中一些论文就推动了极限状态的临床研究。

第三阶段是由弗洛伊德提出的心理机能的第二个构想，即《第二组心理系统图解》。它融合了从自恋被提出之后的各种理论。这一构想不再提到三种系统，而是改为三种实例：本我构成了心理机能中最古老的部分；自我则是在外部世界的影响下形成；超我，作为俄狄浦斯情结（恋母情结）的后遗症，在其周围亲属和其他可认同图形的影响下，逐渐形成于自我的深处。

按照这第二组心理系统图解，精神问题的病理，可从三种不同角度去解释，它们分别是：心理系统角度，即心理机能中三种实例的分摊比例；构成心理机能的三种实例间存在的动态变化或冲突的角度；心理机能内部能量循环和停滞的分布角度。这种研究方法也被称为后设心理学，它不仅向精神分析学家们提供了一种全新的架构去解读一个人的内心世界，而且使他们将精神疾病的研究，重新集中到对自我功能的研究以及由此产生的各种病变的研究上。这种研究方式也使得心理遗传学有了飞跃发展，因为后者关注的是，自我从没有亲疏感的婴儿期到壮年期这段过程的发展情况。弗洛伊德理论发展的最后阶段，仍然浮现出"动作重复强迫症"和"超越快乐原则"特征，它也为当代精神分析法领域中的主要思潮的兴起以及当代精神病学领域中某些思潮的兴起，做好了铺垫。

如果以更广阔的视野去评价弗洛伊德的成果的话，我们就会得出以下结论：他的理论明显地从对神经官能症的研究，转向对自我与自恋病理学的研究。当弗洛伊德还在撰写《图腾与禁忌》(1912—1913 年)时，他就认为，杀害父母是一种创造式的行为，它必然会出现在人类进化中，导致人们产生犯罪感和弃世感，必然驱使人们去参照外部世界，这种外部世界就发展为后来的"社会组织、道德约束、各类宗教"(1998 年,163)。弑父，是当爱情、崇敬、友情和犯罪感被引入社会关系中时，出现的一种创造式行为。神经官能症也由此而引发。在他所写的《文明及其不满》(1929 年)中,恋母情结至上,被认为是不道德的。依据自恋癖理论和死亡冲动假说,弗洛伊德认为,人类这一种群,随着不断地开化进步,必有终结的一日(恩里克斯,1983 年,13)。他强调指出,为了教化人类,有必要创立一个严格的超我,以期提高人们的犯罪感,如果没有这种情感,人类社会将无法维持。可以这么说,"自恋的"那喀索斯成为主角,走上了心理世界的表演舞台,并将"恋母的"俄狄浦斯赶到了幕后。最终,现代人——恩里克斯悲观地称之为那喀索斯式的人,打算将世界改造成自己的样貌,这样不仅会毁了他人,而且也在迷恋自我的同时,迷失了自我。因此,当这两种极端观念(1914 年之前的恋母情结和以后出现的自恋情结)出现如此决裂,并由此引发了精神疾病研究领域中新构想的出现时,并不会令人惊讶。弗洛伊德绘制出研究的道路,从恋母情结通向自恋情结,从分析神经官能症到分析各种疑难杂症,其中就包含着极限状态。

2.2 后弗洛伊德派

在安德鲁·格林所写的关于"极限病例的精神分析"的文章中(《不公开的疯癫》,1980 年),他使用一个子章节表述"精神分析法的演变"。依托 M.柯昂(1959 年)所提出的言论,他拟定出令人惊叹的病例目录,这些病例都是在病情解析中出现的新问题。他明确指出,我们从中看到了对任何精神分析医师都不陌生的命名:极限状态,分裂样性格障碍(费尔贝恩,1940 年),"疑似"人格障碍(海伦·德西,1942 年),认同障碍(埃里克森,1959 年),伪人格障碍(温尼科特,1956 年),基

13

本缺陷(巴林特,1960年),自恋型性格障碍(科恩伯格,1970年，以及科胡特,1971年)。我们再列举一些法国人的提法：性成熟前的表现(布韦,1956年),对身心有疾患的人进行手术的思考①（马蒂,1963年）。精神分析法因此被迅速囊括进有生命力的认识论范畴,这也导致它重新质疑自己内容中的范式,并使它在针对某一临床病例时,持续不断地改变／配置其治疗手段。一本及时反映历史文献专著的期刊指出,精神分析学家们已经对自我范畴中自恋机能导致出现的各种病变,非常敏感了。

1938年,美国的精神分析学家 A.斯特恩,将边缘性病例描绘为既不是神经官能症患者,又不是精神病患者,因此对他们的精神分析法治疗,必须进行一些调整。这些接受精神分析法治疗的患者们,在心理治疗的环境中,不断产生一种认同扩散(埃里克森)。A.斯特恩也观察到,在他们回收的临床材料中,有时会出现接近精神病的表象,其他时刻又会出现接近神经质的表象。如果不考虑这种情况,而提出建立一种患者群体的假设,似乎是有道理的(思卡尔巴赫,1987年,624)。

H.多伊奇,在1942年提出了他的"疑似病症"观点,其研究对象独立于神经质和精神病的两种学派之外。通过概述对这类病人的治疗过程,他的观点让我们看到,这类病人似没有意识到自己情感的缺陷,而是表现得很聪明。他们很容易与他人建立友谊。然而,与他们频繁接触的人,早晚就会发

---

① 在此需要特别指出的是,身心有疾患的各类病人,全都不在极限状态的衡量标准之中。我们将在第五章"推理的危险"中继续探讨这一问题。

现他们态度的虚伪（坦西，709）。空虚与外露的概念常常被提及。H.多伊奇补充道，神经官能症病人的内心冲突，发生在心理实例之间（自我、本我、超我）和患者内心自相矛盾的欲望之间。疑似病症则不同，它是一种外在对立表现，即外在现实将最顽固的抵制与焦虑源，摆在患者面前。这种预示着极限状态患者使用投射机制的想法，与 V.艾森斯坦不谋而合。后者在同类病人身上，注意到一种最基本的不安全感，一种恐吓式回答的倾向（在其治疗期间），以及通过投射表达出的短暂拒绝和妄想倾向。

先是艾森伯格（1949 年），然后是沃尔伯格（1952 年），美国的精神分析学家已经描述出极限状态患者尤其常出现的某些心理特点：敏感易怒，情感强烈，患者容易感觉自己被否决、被抛弃，极其焦虑，容易抑郁。更准确地说，沃尔伯格是最早一个从精神病患者中彻底辨别出极限状态的人，即使他认为自己只是精神病学说发展历程中暂时的开拓者。他通过提出现实痛苦，发展了不同以往的临床治疗方法。不同于精神病患者，极限状态患者能够维持一种"伪适应"的状态，成功度过现实痛苦期，但也并非毫无困难，因为他们被隔离时产生焦虑，并表现出明显的好斗性。

至于奈特（1954 年），他沿着自我心理学的理论前行，并认为，极限状态只有在否定标准形式下才能被定义："患者的确生病了，但他并不完全是患有精神病。"此后，他又提出，极限状态患者刺激外部现实，以不断弥补他们对内在现实的虚弱操控和内心的空虚。对笔者而言，极限状态患者内心中的自我，在适应现实与环境、与他人相处、防卫机制等方面，与精神病心理机制相比,还要脆弱三倍。

一个历史病例:狼人

"狼人",这一病例研究以"一种幼稚型神经官能症的摘要"的标题于1918年发表,之后被多次引用,并在如何对其诊断上激起了一场论战。所谓"狼人",事实上是一个来自于俄国贵族的年轻人,弗洛伊德发现他带有多种生理系统紊乱(淋病,便秘……),同时认为自己患病而做戏发出呻吟。弗洛伊德耗时四年,将工作重点放在研究"狼的幻想",目的是证明幼儿时期的性生活——这里指看到父母性交,在神经官能症的病原学研究中应当得到重视。

然而,正是病人临床表现的多样性,引发了论战。与弗洛伊德的观点相异,马克·布伦瑞克认为,患者是通过妄想机制投射出的"过分担忧自己患病的偏执狂"。后弗洛伊德派的某些支持者认为在"狼人"这一病例中找到了极限状态的第一手可以阐明理论的资料。但是,这种结构具有不稳定性以及大众将弗洛伊德理想化的群体性移情,使得后弗洛伊德派的学者们对此产生了质疑。

从这本简短的历史性文献期刊中可以看到,精神病学和精神分析法已超越了它们之间最初的纷争,两者都紧扣精神疾病新类型所表现的事实,为精神病学中疾病分类的改善提供更独特的依据,为精神分析法提供更适合的技术手段。当专家们不再对极限状态患者存在的合理性强制做出裁决时,这类病例就在精神病理学的广阔空间中,引发了理论和实践的革新。这一概念在一些人看来是"放杂物的储存室",在另一些人眼中却是"研究方向的十字路口",如果说它的出现打开了新的研究空间是无可辩驳的话,那么更有必要用其他概念来明确指出其认识论范畴,以便使医生能够以合理的或"科学的"治疗方法,对极限状态的病患实施救助。

第二章　极限状态的认识论范畴

1. 我们从哪里谈起？

　　心理学其本质是一门复合型学科（莫兰），它触及各种各样的理论领域。精神病理学也继承了这种复杂性。在考虑这一多数理论被涉及的空间时，必须界定出一个理论范畴，这将保证在探讨某一概念上，既有效又准确。参照范畴的消弱甚至消失，必然会给精神病理学家带来难题。例如，当我们在某一论断中使用"神经官能症"和"精神病"这两个术语时，我们能够确定是在谈论同一种事物吗？J. 贝尔吉明确指出（1991 年,131），正因如此，突发谵妄症很可能在医生既不谨慎，又不区分细微差异，也未考虑补充细节的情况下，被贴上精神病的标签，而实则极可能是思维有条理的神经官能症的一种去现实化的平凡小插曲式的表现，其内心平衡感被某一事件或众事件的叠加所重创，这些事件不失时机地组成了有利于这种小插曲突然发生的环境。因此，当我们要对诸如极限状态此类问题进行辩论时，就很有必要弄清其所涉及的理论范畴，以便避免含义的遗漏。对结构的研究方式就是其中的一个方面。

1.1 精神病理学中的结构概念

在研究结构性之前,需要先介绍一下相关的定义。我们在此之后将要使用到的结构的概念,出现在精神病理学的结构研究法中,这一学说是在精神病理学的广阔领域中辨别不同的精神结构(参照拉加什,贝尔吉)。结构研究法并不是像哲学思潮那样继承了结构主义,也不同于"符合以期用有组织的集合去定义人类现象和以期借助数学模型去理解这一集合的人文科学"(拉鲁斯词典)。结构研究法最突出的代表人物是人类学研究领域的克罗德列维·斯特劳斯,语言学领域的费尔南多·索绪尔,以及精神分析法领域的J.拉康,拉康教给我们这样的结构主义模式:"无意识就如同语言一样,是被构建而成。"

认为心理活动是被某种结构所支配,是强调不能只考虑其内容本身,就如同对于一位画家来说,只有画布是无法完成其作品的。正是那些远景透视规则,例如颜色和晕色的使用,才构成了作品的结构,并使画作在大众眼前清晰可读。心理结构也是如此,它可以被理解为由不同事件组成的一个整体,其表现出的内部成分规则适应全体事件。这一结构首先应该被看作一种抽象模型,它在研究领域的应用,具有一种启发性的优势。

西格蒙德·弗洛伊德在建立他的精神分析法过程中,为我们留下了理解结构研究法的诀窍。其实就是一种形象化的比喻——"水晶的隐喻"(在《心理分析的新入门讲座》中提出,1932 年),和 1915 年所写的《后设心理学》中所提出的心理结构内部成分规则的言论。平衡状态下的水晶表现出不可见的结晶,根据它们劈理线的分布,最终构成了整体形态,劈理间的边缘是以精确、不变、恒定的方式预先确定的。弗洛伊德明确指出,如果我们将水晶摔在地上,它会被摔碎,但无论用什么方法,它都会沿劈理线碎成几块,尽管劈理的界限是看不到的,但是它却通过水晶的整体结构在很早之前就已经被确立了。由此,这种比喻给我们揭示出心理结构具有的稳定性,它的形式很早地就被确定下来。当心理结构出现在病理学研究中,需要我们找出的不是他物,正是这种最初的划分。

如果我们将心理结构看作分布在空间中的心理机能的代表的话,那么这一结构的存在,只有运用内部规则固定其坐标,才能实现。这就是西格蒙德•弗洛伊德所命名的后设心理学,它一直深深影响着心理系统、动力学和数据统计等三方面。后设心理学可以说是心理结构的基本要素,并给予后者持久性与活力。

1.2 不同状态下的心理结构：健康状态及患病状态

通过水晶这一比喻可以明白,一个人的心理结构在孩提时代,通过与周围环境互动并在其影响之下,很早就成形了。用"经典的"一句话来说,这种心理结构的预塑,对于精神病患者来说,在口欲期之后；对于极限状态患者来说,在肛欲期之后；而对于神经官能症患者来说,在生殖期之后。当心理结构的效应出现在移情、内心升华甚至是理智化的过程中时,神经官能症标志着进入潜伏期。正是这一时期的"冲动挤压",使儿童可以向其他人敞开内心情感。而当青少年时期突如其来的"青春期"(居东,1991年)在成年后最终形成心理结构的这一理论被提出后,心理结构预先成形的理论必将受到质疑。这就是我们所说的,属于神经官能症或是精神病的心理结构。

心理结构可以出现在两种完全不同的状态中:健康状态和患病状态。如果精神病和神经官能症中的各个术语,包含着普通含义中的患病状态的话,那么"我们全都是神经过敏的人!"——事实并非如此。心理健康体现了心理结构的代偿状态,无论是神经官能症还是精神病。就如同水晶的劈理线虽然早就确定下来,但却并未使自身被彻底发现。至于心理患病,体现出心理结构的代偿失调状态。此种情况下,如同水晶被打碎后,其劈理线通过症状的表现,被赤裸裸地暴露出来。

B先生患有三十多年的疾病,在诊断时表现为强迫性障碍,他对于秩序过度忧虑,由此产生某种焦虑,就好像他的社会生活因此而受到骚扰。事实上,他必须服从某些"规矩",否则的话,就会让这种焦虑入侵到其内心。

他的病情直至出现了中度临床症候。这位病人被描述为一个"无论是在其职业生涯中,还是在其个人生活里都很严厉的人,不能容忍迟到,哪怕是最细微的小事都会让他烦躁不安……"。在他眼中,正是这些"优点帮助他承受了日常的苛求"。

我们从B先生的身上发现了两种心理结构状态。在他对以往回忆中表现出的代偿状态,突出了符合强迫性人格特点的一种心理运转情况:心理结构就在其中,不管是潜伏着还是显露着,它是存在着的。最新出现的代偿失调状态是这些人格特点恶化直至失调。这些忧虑在他心中纠缠不休,并且每天不断出现:因为心理结构受强迫症控制而瓦解。

心理结构的代偿状态和代偿失调状态,不应局限在对一个人"正常还是患病"的讨论中。这样做很可能会将临床表现出的某种新的心理平衡状态,打上"患病"的烙印。在这一思想指导下,C. 岗圭汉姆(1966 年,由贝尔吉引用,1996 年,15)将疾病定义成因对环境不忠而造成耐受性边界的减少。"正常态"就是"适应"的同义词,但是这两个概念其实是有细微差别的,因此岗圭汉姆认为,一些被其他人看成是"患病的"状态,在所谓"正常人"的范围中也一直存在着,这些状态可以表现患者在特殊心理活动期正常状态的比例。这一看法摆脱了"文化标准"的观点(1908 年,在弗洛伊德所著的《文明化的性道德和现代神经官能症》一书中被极力称赞),而这些文化标准给我们的社会确立了所谓"正常的"和"不正常的"行为举止的标准。在假定心理结构与心理机能是相关联的前提下,心理结构的状态只能凭借心理机能运转的测量方式,被测算出来。

1.3 心理结构及其诊断:因果关系的关键

既然提出了存在着某种心理结构,我们便可以构建一种能够"抓得住"的"客体"。它使普通人都具有的、古籍文献无法阐释的、难以被觉察到的某种内心方面,变得一目了然。将心理过程实体化,等同于理顺可观察到的情况(症候和症状的集合),这些情况与疾病分类存在着必然联系。它们被假定为稳定的要素,这些要素具有不变的形式,并揭示出心理结构。例如,与现实失去联系的症状,就可以成为识别一种心理结构的启示。

更具体地说,结构研究法可以通过诊断的评估,来考虑临床医治。即做一次心理结构诊断——"它在里面运转得如何?"J.多尔明确指出,这种诊断有两种作用。首先是可以对观察到的某些特殊症候做出分辨。其次是参考系统化分类,透析涉及的患病状态,即心理结构。

结构研究法具有两种具体方法。第一种被叫作静态研究法,它认为在心理结构和患者表现出的症候症状之间,具有严格而确实的相关性。由此,依据因果的线性逻辑(A导致B),就可以提出这样的公设,即某一症候的出现就可以反映出心理结构。只需要观察出病人的谵妄期,就可推断出患精神病的心理结构的存在,按照超我不断成熟与整合发展规律,推断出犯罪感是只会在神经官能症心理结构出现。这种静态研究法很受推理法的支持,使得人数远多于科学家的唯科学论者,模糊地看到对心理结构预测和推广的可能性,以及与之相关的各种症状表现。

第二种被叫作动态研究法,认为心理的因果关系不是一种线性逻辑,此外,这种逻辑重新分配了因果间的关联。也就是说,将症状看成既是"偶然的"又是"得意的"产物,"偶然"是指它必然是无意识的,"得意"是指它与症状预兆发作的情景相关联(高里,1993年)。在这种情况下,我们可以说,症状就像是"心理结构长出的一枝新枝,对心理结构的认同,是无法对不同患者提供任何诊断依据的"(高里,1993年)。"当症状与'得意的环境'建立关联之后"(帕尔尔和穆切里,2003年,11),动态研究法终止了之前的那些决定论,它对环境化过程、促使心理结构出现以及临床表现具有意义等方面,提出了疑问。

如果说在临床中，通过观察到患者的态度和行为，来解读其心理结构的方法被使用，那么这种方法的特有地位在逐渐消失。观测所得的现象学数据以及源自理论知识和交谈回忆所得的延伸数据，使得心理结构分析变得有血有肉。赋予心理结构很重要的地位，是因为只有在这一特定结构中，出现了对患者是否存在极限状态的争论。在当代专题著作中，当我们仔细观察那些精神病理学领域中的不同治疗方法时，就会对极限状态的存在达成共识了，但这共识却不为拉康的精神分析法所承认，正如我们所见，它将研究重点放在心理结构的另一层面上。因此两者间每次发表的观点，都注定导致论战。极限状态，到底是不是*心理结构*? 有些人(贝尔吉、科恩伯格、朱依涅、斯图勒曼……)希望与某种疾病分类的实体打交道(有人态度坚定、有人不坚定)，以避免使用"心理结构"这一词，而另一些人(莱布伦、哈希亚勒……)却观察到另一种"状态"，它是因社会关联的界限消失而出现的一种社会状态变更，此外还有一些人(格林、查伯特……)希望从中找出能够揭示某些病人可析的极限障碍的一些"病例"，不过其治疗方法和治疗技术受到质疑。这些不同的观念表明，极限状态具有一种可变的操作值，按照各自的表述领域和各自所依据的理论领域而改变。但最重要的就是要看到，他们都认同极限的操作值，并且将存在变成了合理的事实。

2. 我们在谈论哪些"极限状态"?

难以否认，极限状态是为精神病理提供表述方式的词汇，即使对某些人来说，这是其"负面的"存在（为什么它就不能够存在呢？）。然而，必须要区分不同的研究方法，否则就会制造一种同类整体，使极限状态失去自身特征。关于极限状态的相关文献不断丰富起来，并将这些状态分成三个主要角度：1. 被看作心理结构的稳定构造或布局；2. 被看作社会人类学发生转变的隐喻；3. 被看作传统分析治疗中"无法解决的问题"。

2.1 作为精神病理学稳定实体的极限状态：结构、组织、布局

在极限状态的第一个概念中，我们会看到自我病理学、自我病变以及客体关系内化的各种理论家。这些理论家可以被看作疾病分类学家。在静态研究中，有美国精神疾病诊断与统计手册所描述的行为主义精神病学，然而在动态研究中，必须提及 O.科恩伯格和 J.贝尔吉，因为他们是当代精神病理学中的极限状态研究以及更普遍的自恋病理学研究的代表人物。

a) O.科恩伯格提出的"极限人格组织"

在 O.科恩伯格提出的观点中，我们再次看到它与盎格鲁撒克逊人的精神病理学、与 M.马勒与 M.克莱恩的延伸研究、与美国人的自我心理学，有着千丝万缕的联系。表述 O.科恩伯格观点的文献，是以《极限人格障碍》（1979 年）为标题。它

的提出先于自恋人格障碍（1982 年），而后者在笔者眼中，构成了极限状态的一种亚群体，患者具有某种与极限状态相似的防御组织，不过其中一些表现出更好地适应社会，因此使我们可以将之与极限人格障碍区分开。

O.科恩伯格通过对"心理学"文献都会提及的内容——如极限人格错乱的观察，即对*自我心理结构某种相对稳定或者确切说是特异的病理形式*的患者进行观察，由此将自己对疾病分类的定位合理化。当患者们遭到不同以往的分析手段待遇时，他们强烈反抗，尤其表现出缺失现实感，并在移情过程中不断加深谵妄想法，由此使这位美国专家将想法赋予了内容。在对这一中间派命名时，O.科恩伯格更乐于选择"极限人格组织"这一术语，而不是"极限状态"或别的什么术语，他以更精确的语句，将患者描述为具有病理的、稳定的、特异的人格组织；他们的人格组织并不是介于神经官能症和精神病之间的一种过渡性的起伏状态。

O.科恩伯格严谨地建立了自己对极限病理的看法。他认为，想要准确鉴别边缘综合征，就必须实施融技巧与敏锐于一体的严格的临床观察，因为它此前深受描述性分析的影响。这种描述性分析带有明显的精神病学论断，在北美的临床研究中占主导地位，其方法是邀请临床医生在预先确定好的一组症状报告单中，辨认出至少两三种只会让医生想到是"极限人格组织"的症状，O.科恩伯格指出："当一切进展顺利的话，描述性分析可以对某种极限人格组织的可能性下定论。"然而，对症状详加记录不能担保获得一种严格的示病性范例。最终确诊要依据自我的病理，而非所描述的症状。可以

实施描述性分析的"非详尽"(由 O.科恩伯格提出)症状包括:

——焦虑:在患者中弥漫并起伏不定;

——多症并发的神经官能症:在某些患者身上,观察到符合神经官能症的多种症状表现,如:多重恐惧症,尤其通过患者身体和表情显露出来(因害怕而脸红,害怕在公众前讲话,害怕被注视……);强迫性症状;多种症状转换情况;分裂症反应(衰弱状态,歇斯底里的出走和遗忘症);疑病症;

——反常的多形性性取向:是指那些表现出某种明显性偏离的病人,这一偏离并存着许多种反常的取向;

——精神病初期的传统心理结构: 类妄想狂人格障碍;类精神分裂症人格障碍;轻躁狂人格障碍;

——冲动性人格和毒物癖;

——低级别人格障碍:幼稚型人格障碍,自恋型人格障碍和"疑似病症";反社会的心理结构。

O.科恩伯格认为,把握极限症候群是相对艰难的,为此需要识别出各种既像合并症, 又像极限障碍潜在存在的病理。O.科恩伯格的观点是令人惊叹的,因为这些病理可以"推断"出另外一种更普遍的病理,他的观点不得不让我们将极限心理组织,看作相关病理实体内的某种"元组织"。

除了严格之外,临床医生的道德立场也受到 O.科恩伯格的质疑,他主张对连续出现的病理,按照由"低水平"到"高水平"、其间经过"中等水平"的顺序进行排列。如果说描述性分析可以识别各种症状并使得病理实体化,那么这正是实体化所体现的重要性,即通过连续出现的病理使临床医生完全赞同极限障碍的观点。因此,"低层次"的病理应该强调的,不是某种极限障碍的存在,而是对它的推断。O.科恩伯格认为,要准备好记载着集中临床观测的病历及工具以避免"草率诊断"。只有这样,才会促使我们站在道德立场上。

描述性分析在 O.科恩伯格看来,是一种针对*心理结构分析*的预备教育期,他通过文章,将心理结构分析建立在对心理动力学领域各种概念的巧妙关联和使用之上。这种分析方式由心理结构的四个要素所支撑:*自我的各种表现;思维进程的水平;特殊的心理防御活动;客体内化后的关系状态*。我们选择不去深入分析这些观点,是因为这应是之后的临床研究涉及的内容。不过,我们仍需指出,O.科恩伯格用他的研究成果,开创了思考各种极限障碍的稳定的理论和临床研究领域。此后,不少学者都执着此领域,法国的 J.贝尔吉就首当其冲,尽管这种理论渊源有时并未被明确提出。

b) J.贝尔吉提出的"极限人格布局"

这位精神病学和精神分析学的专家,拒绝使用描绘出极限障碍领域的界线,以便突出另一种重要的内容。事实上,他的观点,是对某些患者身上具有的一种中间型立场进行定义,这些患者的心理结构是介于稳定的神经官能症和稳定的精神病之间。"中间型立场"在 J.贝尔吉看来,就意味着"接近这两种重要心理结构的疾病分类学病情,并维持自身特殊的患病实体,不会成为上述两种心理结构中的任何一种(贝尔吉,1998 年,136)"。他的观点象征性地提出了介于神经官能症和精神病之间的第三种倒错机能,这也构成了强势的研究方向,并吸引着相关理论研究向它聚拢。随后就出版了关于毒物癖(1982 年和 1990 年)和"主要暴力"的论文(1984 年、

1994 年和 1995 年），这些论文从形式上，似乎并未与极限状态的研究相关，但实质上却说明，之前的"传统的恋母情结"心理理论框架正在衰退。

J. 贝尔吉在他所写的文章《公开性精神分析》（1991 年）中，一开始就将自己的观点定位于一种独特的角度，他指出"自己所指的"极限状态与 O. 科恩伯格的"极限人格组织"并不相同。后者是指接近精神病的临床表现，这些临床表现未被纳入 J. 贝尔吉所提出设立的心理系统、心理动力学、数据统计中。由此，他提出了新类型的患者——即完全独立于神经官能症和精神病之外的患者，从而精心划定出针对这些患者的理论和临床领域，以便使这一理论和临床领域在疾病分类中真正享有一席之地。他并没有按照 O. 科恩伯格优先去观察研究患者症状的做法，而是优先建立后设心理学的框架模型，进而使他靠向弗洛伊德的理论和精神分析法的方向。总之，这两位专家虽然讨论的是同一种类型的患者，但明显是在不同的认识论领域讨论。

在 J. 贝尔吉提出的概念中可以发现一些他的关注点，给予我们的启示是，从与社会联系的状态这一角度去研究问题。事实上，他将极限状态看成一种当代病理学，归结为抑郁症、心理创伤和自恋症：他明确指出："这首先应是一种自恋的病症。"（1996 年，142）他的观点，对整个精神病理学研究界带来极大地震动，证据就是此领域的学术研究现状。J. 贝尔吉在定义极限人格布局时，依据后设心理学的三个坐标，并加入了遗传学的观点，形成了自己的理论。因此，在他看来，极限状态并非是严格意义上的一种心理结构，而是一种心理布局。从遗传学角度上讲,患者在遭受初期心理创伤后(数据统计的观点),这种创伤会产生一种精神能量的汇集,在远未做好防备的心理机能里面制造破坏,患者就会进入"伪潜伏"状态,构成了"分布着极限状态的共性躯体"。针对患者的介于神经官能症和精神病之间的这种定位,也考虑了患者性成熟前所获取的防御知识,即精神病学方面的知识(区分对待,否认,原始的理想化,投射认同……)。

拥有这一共性布局躯体的患者们,通过防卫机制的偏斜,对抗*心理结构的抑郁*(数据统计的观点),因为这种抑郁很可能导致患者内心原本就摇摆不定的心理布局彻底崩溃。尤其是对失去客体的焦虑,会暴露出抑郁情绪。事实上,这是在*所谓的*依恋关系(数据统计和心理动力学的观点)中对别人倾注感情的人。对于极限状态患者来说,他所依恋的对象扮演着拐杖的角色,当拐杖消失后,心理整体的布局就会崩溃,抑郁情绪随之浮现。

J.贝尔吉认为,稳定的心理结构会使心理倒错失效,这种倒错失效会增加其心理布局的变化无常,这种情况涵盖广泛具有代表性的患者群体,他们都无法被归类到二分法的疾病分类(神经官能症——精神病)中,所以必须要找出由此产生的新领域。

与极限状态相关的延伸研究,主要解释为下述内容,即患者们的共性躯体是相当不稳固的,因为它并不是真正实体组织的结构。患者需要通过消耗能量或反倾注的方式来修复这种不稳固,这些方式勉强能够维持一种"具有包容性的"心理组织,有时表现为*急性*发作,有时表现为*稳定*发作。

急性发作的特征是，突然出现阵发性焦虑，随后是一种破坏组织的次要创伤（根据"事后"心理模型考虑）。从量化上看，后者与前者等量。这种难以解决的焦虑是由防卫机制的早期特点造成的，极限状态会依据三种可能的途径分配焦虑，以达到自我的稳固。当复现表象功能缺陷占支配地位时，焦虑就会引发传统的神经官能症、传统的精神病或心理和身体同时患病这三种情况。

稳定发作所揭示出的心理布局，是共性躯体通过调整后平稳建立起来的。在 J. 贝尔吉看来，这是一些"源自于共性躯体的特殊的心理布局，它们要么引向神经官能症，要么引向精神病，并导致病情发作得更稳定更持久"（1996 年，1602）。在此领域中，他选用"反常的心理布局"来命名这些心理倒错，这一命名已接近"性格障碍的心理布局"了。J. 贝尔吉希望借此"填补和完结他所设计的疾病分类表中的全部内容"。

J. 贝尔吉做出的非结构选择，具有复杂性和多重布局，而神经官能症和精神病心理结构则相对单一。这两者之间的反差是值得关注的。这种划定的极端复杂性（这一提法总被莫兰使用），反而使其从无法捕捉到的对象，变成了一位送上门来的使者。精神病理学似乎无法允许对疾病分类的界定出现空白领域，这一空白领域必然会引起临床医生的焦虑，因此在经过完备演绎的临床思考后，极限状态的临床思维的出现，便是顺理成章的事了。我们更喜欢心理动力学不同立场间差别带来的更具教导性的启示，J. 贝尔吉通过下列表格将其简述出来：

表格 2：J.贝尔吉提出的不同心理结构派别间的心理动力学比较（1998 年,209）

	心理组织中支配性的实例	症状表现	焦虑的本质	主要防御方式	与客体的关系
神经官能症的心理结构	超我	—歇斯底里 —强迫症	担心被阉割	抑制情感	生殖关系
精神病的心理结构	本我	人格解体谵妄症	担心被分割成块	否认事实 自我的双重人格	形影不离
极限状态	想象的自我	抑郁症	担心失去客体	区分客体对客体感情的逾期作废	心理依恋

2.2 极限状态是对社会人类学发生转变的隐喻⋯⋯拉康派的观点

这第二种立场源自于法语国家的学者和法国学者之间的一次对立性论战,这次论战自二战后,一直推动着精神分析法的发展,这里所指的精神分析法,不是对灵魂深处玄机的研究技术,而是将患者放置于社会场域中去研究的一种思想。这次争论不仅限于理论界和技术界,而是扩展到更大范围的哲学领域、社会性领域和政治领域,并组成了一个(后)现代思想的大熔炉,表现为 20 世纪 70 年代的文化革命和知识分子革命(1968 年 5 月,社群主义运动,共产主义飞跃发展和衰退,独立战争⋯⋯)。如果说精神分析法不是这次论战的结点，那么它至少是争论的双方为了维护自己的集团，必然紧握不放的研究方法；结构主义专家摆脱了现象学家，共产主义集团摆脱了资本主义集团……20世纪的这第二对力量的碰撞，力图修改社会构架，希望在人类发展史上，创造出与50年时间不相配的与众不同的新事物；这些革新，将人们卷入各种焦虑和精神失常的命运之中，也促使专家们努力研究相应的对策。

正是有必要考虑精神病患者需要在新社会秩序下寻求心理平衡的情况，使本节的极限状态第二种概念被提了出来；更早地说，它要追溯到20世纪之初兴起的两个偶然出现的转折点，这两个转折点如今仍被看作解读当代患者病情时所需参考的标准。

首先是科学的论断，科学论断的影响逐渐消退，技术便取得支配地位。当这种情况出现在人文学科领域中，以技术为主的研究被训斥为不人道的学科，因为它将鲜活的个体当成思考点（古斯多夫，1974年）。M.海德格尔则提出了既严厉的批评又和缓的讽刺（1980年，100），即正是出于方法性的考虑或是"可计算出来的意图"，使发人深省的思维出现在治疗的环境中。其表现为，在实验过程中，越来越希望将患者降至可客体化或可重塑的程度。因此，这已经不是实验了，因为它导致技术领域一下子删去思索研究方法的主观空间。似乎我们检验的不再是患者，而是技术，它成为源自社会和政治需求的原动力，这种原动力是不可能丧失的。因此，极限状态就是人类在对自身做出科学论断时出现悖论的一种讽喻。

其次是针对我们文化的未来和我们精神的未来发展方

式进行讨论后所得出的结论。弗洛伊德的精神分析法,强烈依赖传统的家庭细胞核(即父亲、母亲和孩子们)的存在这一前提。然而当家庭情况发生改变,与此同时,这一理论就被推翻了:如身兼妻子和母亲的身份获得解放,存在各种形式单亲家庭的事实,借助试管或是使用捐助者精卵子进行人工授精的生殖技术的进步……正是在这一大环境中,针对恋母情结的作用以及拉康理论中以父亲的姓氏作为语言描述主体的法律象征和约束自己欲望等观点,引发了新的争议。G.德勒兹和 F.瓜塔里就反对上述传统理论模式,并提出了*反恋母情结*(1972 年),这两人认为"长期(错误)的历史,阻碍了妇女无意识的生产力,把她们束缚在家庭体系中,并将她们引到一个阴暗的舞台, 使其失去渴望变革的能力"。在这部著作(《会谈》,1990 年,29)的述评中, 作者明确提出:"我们不认为,是精神分析法发明了恋母情结。它是符合需求的,人们都有恋母情结。精神分析法只是使恋母情结,在如同苗圃一样的诊断长椅上面,茁壮成长为移情恋母情结,这是由恋母情结产生的新型恋母情结。不管是家庭中的恋母情结还是分析中的恋母情结, 它根本上是针对欲望爆发的一种压抑装置,绝不是无意识的产物。"我们在此要提及德勒兹、瓜塔里这对夫妇的立场, 他们将研究的重点放在精神分裂症患者身上,而当时"资本主义国家的"精神分析法都在传统地关注神经官能症患者。

20 世纪末的精神分析法研究, 掀起了一阵不尊传统之风。随着西方人新态度和新行为的突然涌现,例如 A.芬基尔克罗提出了"顾客就是上帝"(1991 年),神经官能症的研究模式被弃之一旁。因此,不可避免地使人思考一种无意识形成的新型患者,即极限状态,它既寓意着社会联系发生了转变,又要求"制定一套可以(描绘极限)的认知理论,即能够自由地确立理性的彼岸……"(尼采,1901 年,72)。在规模空前的论战引出的研究方向中,我们必须提到 J.-P.莱布伦和 J.J.哈希亚勒的成就。

a) J.-P.莱布伦

*极限状态是不存在的,但是……存在"一个没有极限的世界":*尽管 J.-P.莱布伦既是精神病专家,又是精神分析学家,但我们不能说,他就是极限状态的理论家。我们更应该更恰当地把他看作一位极限认识论方面的专家,因为他熟悉极限的刚性度、它的缺失与否以及由此引发的不同后果。他在《一个没有极限的世界》(1997 年)这部专著中,用一个章节解释到,极限状态是无法避免地出现在庞大的集合体中;在对时刻被关注的患者进行数据统计时,处理极限问题似乎就显得十分棘手了。

J.-P.莱布伦一开始就参考了心理结构。与拉康的论断一致,他认为极限状态作为心理结构,是没有理由存在的,然而,他在谈及心理结构的其他方面时,却拒绝否认极限状态的存在:"要说那样的患者不存在,我是不能苟同的。"(2002年,95)。他扩大了精神分析法的操作范围,在严格的治疗框架中逐渐提炼出自己的观点,并将其定位在社会关联的改变上面。在他看来,实际上,"精神病理学只有在社会背景中才会出现"。J.-P.莱布伦所遇到的所有情况,无论是社会方面还是文化方面,都好像是被挑选出的过程的载体,这些过程在 150

多年前就已由 C.达尔文提出了,即"不断归纳新出现的病理学以及新出现的行为现象学"。从那时起,莱布伦又作为精神分析学家,揭示社会心理结构及其内部构成规则,从而使他在担负起各种病理研究这一极端晦涩的工作时,能够看到些许光明。针对患者的这种研究方法应该是过于宽泛了。

"揭示社会性的心理结构,目的是理解所谓'极限'的状态";依据这一观点,J.–P.莱布伦推测"我们所有人都曾具有的某种领域,如今正在消失,还需明白话语内容的分量。话语内容的分量,是指使用语言所表达内容的重要性"(2002 年,96)。使用语言,能够将我们以象征性的符号,记入社会之中。由此才会有"第三方的存在,围绕着第三方,围绕着构成第三方的事物,围绕一个临界点,围绕一个支撑点"。当第三方缺失传递出不确定性的心理重负时,这片领域就会塌陷,那时会有一种极限,使患者避免因纠缠于这片领域而昏迷不醒。

具体地说,这种共有的领域——即一种标记,是一种规则的载体,或者更确切地说,它承载着阻止或限制主观经历的禁令。它就是一种不行,"它首先被社会强制接受,然后又对每个主体进行改造",而如今再将它从社会中消除。有情况表明,这块枷锁、这种标记、这种终点,似乎已经破碎。这种极限或称为不行的混乱分布的缘由,在 J.–P.莱布伦看来,可以看作三部曲:科学技术的冲击,资本主义全球化的到来,以及民主政体的变更,三者导致了"没有极限的世界",也就是说,"给人以摆脱极限范畴束缚感的一个世界,就好像昨日的任何极限都不能维持了(您所拥有的性别、平均寿命、体重……)"(2002 年,99)。作者指出,这些无力再说不行的父母，其重新回到家庭中的愿望不断增强，他们那有悖常理的情绪，是期待着被自己的孩子所关爱。缺少的第三方正是父亲，但并非是真实的父亲，而是因过期而无效的父亲的姓氏，说明现实入侵到精神病的实体中。但是 J.–P.莱布伦立刻提示我们："父亲的姓氏一直存在；因此没必要将那些病况（被称为极限的状态——由我们补充说明）当作精神病；这种父亲的姓氏对患者来说是美好的和铭记于心的，但却是无效的，因为它对患者毫无用处。"（2002 年，103）父亲的姓氏如同与现实格格不入，故应将其放在既广阔、又虚拟的背景中去思考，这一背景可以使每个人都能够在其中投射自己的理想准则，同时也掩盖自身的"罪恶的一面"（巴塔耶，1976 年）。所谓极限的状态，在此，是指隐蔽在想象的现实中并不断发展，它"不定期会失去社会背景下父亲形象的支撑，自认为是被抛弃了，就好像带有父亲姓氏的孤儿"。

b) J.–J.哈希亚勒

J.–J.哈希亚勒眼中的极限状态，体现出与拉康理论一脉相承的特点；这种启发性的尝试源于精神病理学一篇论文中提到的难题，文中将一些极限障碍看作一种心理结构。他批判的是，对极限状态的诊断会破坏弗洛伊德后设心理学；"在临床治疗中用精神分析法替代对精神病的治疗方法，即运用观察法和特征法，则会单一地将患者的心理结构与对其诊治的手段联系起来，那么，对患者的临床治疗也就缩小到了对患者自我及各种状态的治疗"（1997 年，24）。我们需要指出，这位专家在发展 J.–P.莱布伦观点的同时，否定了 O.科恩伯格和 J.贝尔吉的观点。事实上，当 J.–J.哈希亚勒提出，"极限状态是需要同时考虑到社会的状态以及社会化不同等级，它们受到父辈作用丧失的影响，从心理结构的角度来说，是受到构成社会身份的父亲姓氏失去了作用的影响。极限状态首先是指患者变化不定的发病，这些发病与当代社会特点相联"（1997年，25）时，我们再次看到了莱布伦的影子。

当 J.-J.哈希亚勒勇敢地向临床实践领域冒险时，他的研究向前推进了，即使不是在疾病分类方面，但至少也是综合征临床领域，然而 J.-P.莱布伦在此领域仅仅提出了没有出路的看法。"极限状态中的患者"的特征，是在借鉴拉康、或范围更广的结构主义后，提出的一种心理结构的特殊概念。拉康认为，其特征并非绝对等同于某一系统，"也就是说，对它的确定，是由其自身产生的可能性、易变性、采用某些形式的可能性、以及引发的某些状态所共同决定的"（2002年，155）。按照这一逻辑，极限状态就不是一种心理结构，而是心理结构的一种状态了，它也能够出现在稳定的神经官能症、精神病和心理倒错中。这种"极限状态中的患者"，紧扣横向的疾病分类，却把其他疾病分类方法拒之门外，从而无法了解到传统病理实体之间还存在一种特殊的位置。

如果将以前的理论与 J.-J.哈希亚勒所做的临床实验对立起来的话，那么构建"极限状态中的患者"综合征的研究成果就不会出现。而这一成果使研究自我、自我的功能及其病变的理论家的批评之言此起彼伏。主要的分歧集中在是否考虑拉康的拓扑学理论，特别是是否考虑病症。这些"极限状态中的患者"很可能是博罗梅安结（它将真实的、象征的和想象的事物相连，并构建一种心理机能）输入失败后的表现形式，其病征就是尝试对此失败进行修复。"这就是愈合受挫的心理结构"(拉乌尔,2002年,90)。

至于极限状态患者的综合征结构,作者在文章中提出了一种明显的关联脱节(一旦关联重新建立,难道不会构成一种心理结构吗?)。它包含着,焦虑内涵中的焦虑抑郁症;标志着患者进入社会领域失败的伪心理倒错;导致思维失灵的自恋性缺陷;以及青少年期的延长,它有利于向身体发出短暂警告,以避免任何可能出现的创伤。

c)J.-C.马勒瓦尔

我们还是从拉康的视角中,指出 J.-C.马勒瓦尔的贡献(2003年)。他明确提出了分析领域中对极限状态的定义,在与疾病分类理论分离后,所带来的好处:"尽管概念是很重要的,但是如今应用前景已经超越了概念的重要性。"(2003年)在写了一篇针对此问题的简短文章后,J.-C.马勒瓦尔在对 J.贝尔吉认为的抑郁性极限状态病例进行临床分析时,提出了不同的看法。马勒瓦尔将自己的主张延伸至治疗领域,从可能构成神经官能症的歇斯底里症状中,找出极限状态:"总是越来越少地分析幻觉,越来越多地依靠分析自我。当分析专家更多关注患者理性的行为方式时,这些专家就采用控制手段。然而,这一做法必然会诱发患者的歇斯底里情绪,患者很快无法再忍受这种做法,从而变得发狂,而后转变为极限状态。"在他看来,精神病的特点,是由海伦·德西提出的"疑似"人格障碍占主导地位,只有以这种人格障碍为支撑,精神病患者才能避免代偿失调。

归根结底,J.-C.马勒瓦尔之所以没有质疑"极限症状学"是一种可以客体化的综合征,是因为他将其放在传统心理结构的其他角度去考虑。他强调,在精神病学研究领域中,借助极限状态和精神类药剂的出现,这两者之间存在着紧密联系。这些药剂会引发"新型临床表现的出现,精神病理学中的症状会从中被排除掉,取而代之的是,行为举止中倾诉着焦虑和抑郁。化学疗法吸收了过去传统的模式,用以治疗那些被确诊为彻底阴性的症候群: 它们既不是神经官能症,又不是精神病"(2003 年)。他最后总结道,极限状态患者,实际上就是一些"未被诊断过的病人",因为对他们诊断时所集中参照的,不是幻觉的主要特征,而是自我机制的表面现象;不是患者的心理结构,而是人格障碍的特征。

2.3 极限状态作为传统分析治疗中"无法解决的问题"的衍生物

精神分析法是研究心理机能方面的特殊领域,无论患者是否有病理特征,都能丰富该学科的内容。如同所有其他学科一样,它所遇到的每一个阻挠点,就是积攒到那个时代的知识和技术所引发对它的批评。1932 年,S.费伦茨就在其文章《语言的混同》中指出,患者的或然判断会发生改变,其中一些患者表现为依据传统规则无法解释的心理结构;他们都有某种创伤的过去,在这种需要改进的传统治疗过程中,无法描述自己。因此,他提出了一种新型的参与性的"积极疗法"。精神分析师与接受精神分析的人之间的距离缩小了,患者通过移情产生的行为和态度,使自发性的医患会面顺理成章。我们可以据此猜想到，极限病例的暗影，此后将渐渐掩盖精神分析法的辉煌之光。

上述观念在技术方面的当代共鸣，体现在伊丽莎白·鲁迪奈斯库与 J.德里达（2001 年）之间的论战中；前者质问后者："从一种新实体成形的那一刻起，精神分析法就应该效仿所有其他学科，将这一新实体进行思考、阐释和重视，而不能对其强加禁止，因为这样很可能会导致我们排除它或者否定它，进而将一门学科变成道义或典章，会将医学实践者变成审查员和检察员。"我们需要对这样的评论给予高度重视，因为它强调精神分析法需要持久的分析力。这一论断开拓了社会关联出现新貌的必要空间，使得此类病患的心理情况及时得到关注。针对极限状态在当代的表现形式，出现了两种分析方法，实施者分别是安德鲁·格林和 C.查伯特。

a)安德鲁·格林和"不公开的疯癫"

安德鲁·格林对极限病例的分析，应该被理解为一种发现的过程，体现在一部结构严谨并对精神分析法的发展贡献甚多的著作中。当安德鲁·格林出版了《分析范畴中的精神分析师，象征化和失神》（1974 年）后，在 20 世纪 70 年代的精神分析法研究界引起了轰动。他在书中长篇大论地表述自己研究的各种苦恼。毫无疑问，我们看到了他对极限病例的临床治疗做出了贡献。他的这第一篇文章，从技术方面，提出了假设，即"精神分析师在现实发生改变时，应该有意识地转变自身的感觉和感知……正是这些新型患者使医师面临考验，患者在激发了医师反移情的同时，也需要从医师那里获得更多的人格协助"（1974 年,80）。安德鲁·格林使自己的认识论领域，一上来就脱离更权威专家们的看法。这并非指他要求在疾病分类中获得自己的一席之地。而是指，对极限状态的命名，不应被看作与其他临床治疗相对立的治疗新变化，而是应被理解为"临床治疗类的理念，它可划分为众多的表象。也许最好应该将这些患者看作可析性的极限状态"（1974年，85）。

安德鲁·格林在其第一篇文章中，主要是通过患者的防御知识，揭示出其心理运转方式。因此，他阐明了四种功能各不相同的防卫机制。首先是躯体排斥和言行驱逐，它们具有优先发挥心理能动性的功能，而区分对待和取消倾注（即作者称为的初期抑郁症在数据统计中的解释），则构成了最基本的心理机理。更明确地说（1974年，89），极限状态在此模型中，被影射为分离的焦虑／入侵的焦虑，它将医患间距离的概念引入到治疗关系中。安德鲁·格林提供的参考非常重要。它比让·吕克·唐尼特在关于"空白精神病"（《本我的孩子》，1973年）方面带来的思考更加超前，它能够使医生思考极限患者那种或然判断的思维："我们很可能在这些极限病例中，观察到一种或然判断的主要核心，其特点是思维的空白和复现表象功能被抑制。"

我们还需参考安德鲁·格林的第二篇文章，即《极限的概念》（1976年），文章不同于其先前的观点，提出对极限病例更为确定的立场，认为这些极限病例不再是引发次一级技术方面争论的唯一关键了。这种表述反映出这一时代新开辟了不乏论战的临床领域，他相继着手对 O.科恩伯格所著的《人格的极限障碍》的法文翻译工作和对 J.贝尔吉所著的《抑郁症与极限状态》的编辑工作,这两部著作于 1975 年出版。安德鲁·格林,一方面依靠传统的理论文献,对极限状态患者进行临床实验;另一方面也没有忘记运用 M.克莱恩、W.R.比恩以及 D.W.温尼科特的理论成果。更明确地说,就是一种"针对极限病例而建的假定模型",这些患者身处于"边界模糊的一片领地中,与其说是一条边界,不如说是一片无人区"(1976 年,147)。这一模型不是依据症状一览表或分级表来开处方,而是将极限当作概念的一种思考:"应当将极限看作一条变化和波动的边界,无论是在正常态中还是在病理中。极限可能就是现代精神分析法中最为重要的概念了。我们表述其概念,不应通过复现表象,而是应通过能量转化和象征化过程。"一目了然,极限的概念使得安德鲁·格林能够为更早的两年前的临床治疗特点赋予躯体和内涵。

安德鲁·格林眼中的极限状态,除了确定一种区分的存在之外,毫无其他意义,而这一区分是晦涩难懂的。当极限病例患者希望心理机能避免被某种无法忍受的压力所致的重负或是侵袭时,他们身上这种初期防卫机制的存在,就会变得正当合理了。然而,却表现为分离过程的失败:好客体与坏客体;愉快和不愉快;自我与他人;幻觉与现实;体质与心灵。

这种区分也对*自我极限*的可变性具有意义,后者不被看作一种经历的充实,而被看作"对抗分裂或耗尽的最后防御手段。自我的这种外衣,这种流动的障碍,不完善地保护着既刚愎又缺少凝聚力的易受伤害的自我"(1976 年,155)。在心理结构衰弱时,复现表象的过程受到了影响,患者的思维衰退并最终僵化,在临床治疗方面,解释为极限患者预先存在某种"基本的空虚"。安德鲁·格林认为,这就是"本质上的取消倾注",或者说是初期抑郁症。它制造的思维空白状态,不具有任何诸如忧伤与痛苦等情感成分。这一机制被解释为"空白精神病所表现的无法再现、头脑印象空白和思维失灵"(1976年,157)。

在安德鲁·格林眼中,极限病例组成了一幅精神游离的图像,它使这些病人"选择消极性的拒绝",从而导致他们面对无路可走的局面。其表现为,患者追在被认为是理想客体的身后,因心理能量无休止流动而与他们保持距离,目的是躲避坏客体的侵入对其造成影响,同时又很矛盾地害怕失去这些客体。安德鲁·格林,在这片无人涉足,但对治疗极限病例十分有利的领域中,乐此不疲地钻研,以期提醒精神疗法医生,既不要盲目地陪同病人进入此领域,也不要抱有回避与患者在此领域对峙的想法。对极限概念的研究工作是一种冒险的尝试,它并没有止步于诱人且让人安心的极限状态理论领域,而是启发性地打开了极限临床研究之门。

b.)C.查伯特和"极限的发作"

C.查伯特(1999年,3)一开始就不希望使自己的研究成果被划入当代临床心理学的认识论中:"目前时兴的临床治疗已不再针对被社会压抑的性爱以及成为家庭的附属等内心束缚所引发的神经质症状、压抑症状、情感抑制症状。取而代之的是解决自我与他人关系的难题、抑郁的难题、以自戕为目的的行为的难题、心理疾病躯体化的难题……。"在这里,她明显捍卫着疾病分类中自恋病理学的价值,但是她在参考心理结构时却并未坚持这样的态度。她所思考的领域,首先是精神分析法和其技术运用的方面。在此想法下,她明确提出:"首先应关注的是,心理组织在长期接受精神分析法治疗过程中,所表现出的特征性。"这就是极限状态,它是精神分析法的泥潭中浮现出的一条阳光大道。这一复杂的、反映后现代患者的心理组织,使人们深思分析治疗法的范畴,以及心理组织对此治疗的各种反抗。

我们无需再提心理结构、状况、心理布局、人格等词眼了,因为以前滥用的这些任何一个术语,在此都不能与极限状态的概念连在一起。对于 C.查伯特来说,就是要区分开*极限病例和极限发作*的患者。前者反映出不稳定性中存在的一种特异而稳定的心理组织,它一开始就不同于神经官能症和精神病。如果说极限病例是源自后设心理学在临床治疗中的推理结果,那么神经官能症患者在深度治疗过程中所表现的退化现象,就可以被看作是极限的发作。因此,*所谓的极限发作,就是被看成一种潜在普遍发作的水平,并且在某些内在轮廓和外在轮廓中被轻易地现实化*。在对神经官能症患者进行深层精神分析时,无论是哪种形式的神经官能症,这种发作很可能就表现出来。这一观点,是将功能退化的某种样态描述为初期的、原发的、过时的、深邃的,或者描述为神经官能症的隐藏水平。C.查伯特在此为我们提出一种"范畴效应"或者说一种方法,其中的会面场景会作为一种特别的完整变量,无论是精神分析师一方、还是接受精神分析的患者一方,都会干预临床数据的产生。此时的极限发作,可以被理解为心理运转情况与确定的范畴相交汇之后产生的后续表现,它并不排除由精神分析师所提出的心理领域。

正是从极限发作中辨别出重度歇斯底里、恐惧症、强迫症的神经官能症具有困难性，导致了临床分析存在不同的方式，从而使 C.查伯特更新了极限发作的症候学。歇斯底里症患者与极限发作患者似乎在共享着心理表达的同一舞台（戏剧性、心理外倾……），即使它们的剧情各不相同。前一种患者，渴望寻觅客体和另一半，表现出性欲的阀门被完全打开。然而，后一种患者，更多地是对客体和另一半的排斥要求，这与初期自恋表现的受理想自我所控制相一致。此外，歇斯底里神经官能症背后的极限发作，表现出症状多样态，即抑郁，行为成瘾，尝试自杀，举止复杂，自我体验的感知障碍以及突发谵妄性；此外还有一种*虚假的超适应*，它在 H.德西的*疑似人格障碍*（1942 年）中被提到。C.查伯特应邀加入针对歇斯底里病原学中诱奸这一永不落伍的话题所展开的论战中，目的是强调创伤的重要性，这一点 J.贝尔吉已经指出过，只是后者提及的领域具有争议，且需要进一步探讨。它到底是一种真实的创伤，还是通过内部实体的幻觉倾斜而构建的一种创伤？从*恐惧症神经官能症*角度分析，每当恐惧症是非典型性时，它就会通过出现的背景、表现内容引起极限的发作，这种发作是毫无功效的。也就是说，*恐惧症并未实现避免焦虑的职能*。正是通过观察抑郁的程度，作为了判断恐惧症的理论依据。总之，如果说强迫性和强制性一直是*强迫性神经官能症*固有的特点，那么源于肛欲期的支配关系，则体现出极限发作的特点。这可以解释为对*另一半的控制*需求，否则就会出现抑郁的痛苦。依据肛欲期的理论依据，作者强调指出，*施虐狂—受虐狂*这种夫妇的存在，是为维护自我服务的。

这些有差别的临床治疗要素，有助于限定极限的症候群，而这一次，是通过在各种治疗刺激下普遍发作的样态来判断。这是一种对极限的或然判断，它使 C.查伯特有理由质疑心理系统图解的构成、恋母情结、诱奸和幻觉的作用，以及当代精神病理中患者对失去另一半爱情的焦虑被看作极限发作的观点。

毫无疑问，其他人的观点本应在本章出现，因为他们也在为其他认识论观点辩护。这就是我们之前提过的、被学术影响更高的专家们所参照的三种认识论领域。然而这些理论并非透彻，只是说明，被披上了范例这一外衣的每一领域，是如何为极限状态提供一片专门的研究空间；每个研究空间随后是如何影响临床理论和临床治疗的；我们在此必须要说明的是，每种研究领域都紧抓对患者的或然判断不放，这一方法被所有人认同，但是得出的理论却各不相同，原因很简单，他们的认识领域各不相同。先前，我们本应说，其中的每种领域都可以为极限状态带来一种新颖而特别的谓项，另外，这些领域可将这一实体提升至临床治疗可以与之相一致的水平。而事后却发现，正是在赋予对患者极限的或然判断一种无可争议的可操作性价值、并讲其使用在这些不同认识论领域的时候，揭露了其中一些缺陷和不足，同时加强了另一些观点的说服力。对极限状态的或然判断，在临床认识论领域中，只会让研究者产生怀疑或确信，而不会令研究者漠然视之。

第三章　流行病学，病原学及评估方法

前两章使我们理顺了极限状态的形成历史和认识论的构成。我们已经看到，不同看法之间大相径庭，一些人同意其存在是合理的，而另一些人则反对这种观点。我们似乎应该更加公正地说，极限状态这一概念开辟了一片启发式的空间，可以对精神病理方面的临床变化进行思考。因此，通过重拾之前的文献专著和认识论观点中已达成共识的坐标，来绘制这一临床实体的特征，就变得十分恰当了。这又重新回到下列问题："哪些人是极限状态患者？""如何辨识出他们？"以及"如何从其他病理学临床表现中区分出极限状态？"这一章将会专门讨论前两个问题，即分别从流行病学、病原学和方法论这三方面，讨论对人格极限障碍（简称 TLP）的定位和评估。

首先在方法方面需要明确。我们的思路是，通过这一整章，研究涉及人格极限障碍的文献专著。这种人格障碍在法国的心理动力学内容中是"贫乏的"。所以主要依靠盎格鲁－撒克逊人的经验成果，这些成果除了与 O.科恩伯格的理论存在联系，更多地是与《精神疾病诊断与统计手册》中的认识论标准联系紧密。这就可以确定我们所谈及的领域了。下一章节将会对此参考极限状态的心理动力学分析。

必须明确指明，在《精神疾病诊断与统计手册》的诊断与精神病理学的概念之间，会存在某种不一致。一些极限状态并未出现在《精神疾病诊断与统计手册》的标准中，对于一位精神分析师来说，由症候群分类所确诊的某些边缘性患者或者说极限患者，可能就是神经官能症患者、精神病患者或是生理本能反常患者。

1.TLP 的流行病学

揭示出 TLP 的面貌并非易事，因为它有众多的侧面。我们所做的流行病学调查将赋予它研究角度希望得到的一种样貌。根据 TLP 评估是以行为，还是以精神抑郁作为首要标准的不同，得出的结论也会不同。以行为为标准，则男性的 TLP 所占比例更大，以精神抑郁为标准，则是女性所占比例更大。尽管如此，如果仔细观察这些经验论的研究，还是似乎可以看到，TLP 在总人口中的分布遵循着年龄和性别的标准。

从高斯的型式来看，TLP 的诊断很可能会按照正常的分布，并拥有一个变动的峰值，这一峰值在整个青少年时期[1]不断上涨，而随后逐渐下降，并在整个成年时期一直处在稳定的水平上。H.夏布洛尔及其同事们（2001 年），在一群青少年（在今日已经无效）中运用 DIB-R 方法，样本是 1363 名讲法

---

[1] 我们将会在 TLP 诊断的有效性、准确性、敏感性这一内容中，讨论这种评定的重要性，p59。

语的初中生，而后发现，TLP 出现在男孩中的几率为 10%，而在女孩中则为 18%。两种性别在 14 岁达到峰顶之后，TLP 出现的几率仍以有意义的方式增长，直到青春期结束。如果说这一研究有利于标记青少年苦恼的临床症候指标的话，那么我们只能用此前别处提到的针对"未成年"人群采用 TLP 诊断不可行的这一论断，进行反驳。

关于不同性别，有两项研究（兹洛特尼克及其同事们于 2002 年提出以及约翰逊及其同事们于 2003 年提出）一致强调其影响是不同的。某种 TLP 的男性，很可能更多表现指使他人举止和养成恶习，并有反社会和自恋的人格障碍，然而患病的女性，则可能会突出表现为饮食行为的完整倾向障碍、抑郁情绪以及出现后创伤性应激状态的倾向。

对于围绕 TLP 的非特征性症候，领会其在流行病学中的维度似乎是很棘手的。这就促使 F.莱赫纳及其同事们（2003 年）去思考极限人格的亚类型，因为他们认为似乎不可能只有一种简单的视角。在借助一种基于回忆性数据的因素分析之后，他们区分出了"自主性极限"患者和"依赖性极限"患者。如果说在精神病理的格局中揭去 TLP 的面纱是很难办到的事，那么在划定此障碍的病原学发展取向的专家们之间，还是达成了一种共识。

2.TLP 的病原学

从 19 世纪 80 年代之初开始，盎格鲁－撒克逊人关于 TLP 的经验论研究，经历了重大的发展。这些从障碍的病原学角度进行的研究,无论是回顾性的、对照性的,还是差别性的,都具有一种特别的关注,希望能够对障碍进行预防,同时预防与之相连的各种行为举止。被学者们频繁提及的合并症,我们姑且这样为之命名,涉及的是各种异常举动或是以自我为中心的行为:尝试自杀,举止成瘾,对一切命令都反应强烈……不过也不应在此忽视诸如抑郁的经历、对挫折的应激性以及偏执等此类临床迹象。当这些障碍领域(轴线1)与TLP(轴线2)相连之后就形成了一个关键点,它远远超出了对公众健康的担忧,而是变成对犯罪学家提出的对"社会防御"安全政策的担忧,针对的是,将公民中的某类人看作具有危险性是否合法的问题;以及犯罪与精神错乱何时会紧密不分的问题。很明显,相对于其他方面的研究,这些病原学的经验论研究,更多地被打上了社会需求的烙印,即力图使自己提出的安全政策多少会生效。其结果是,整个研究覆盖着一种精神病理学领域,它将患者的立场作为自己的图腾,将患者的创伤看作禁忌。

实际上,这些研究可以被划分为病原学中的三种类型,并聚拢到公认的推测中,成为了精神病理学中的一个不变因素:即表现出某种 TLP 的患者,在他们的童年时期,都曾明显地被欺辱、被忽视、被无端指责,其家庭的功能已经紊乱,甚至其父母表现出精神病理,或者身在家中却感觉无依无靠。

2.1 父母精神病理所造成的影响

众多研究表明,患者的父母身上会表现出人格障碍和相关的行为举止。不同学者(鲁道夫及其同事们,1990 年;林克斯及其同事们，1993 年；戈德曼及其同事们，拉波特及其同事们，1996 年； 夏驰傲及其同事们，1997 年； 里奥缇和巴斯基尼，2000 年；特鲁尔及其同事们，2003 年；怀特及其同事们，2003 年）都指出，对于表现出某种 TLP 的患者群体，在所有受"家庭因素"操控的变量中，实体的消耗障碍、反社会性质的行为举止以及患者母亲也患有抑郁症的事实，是最具研究意义的。最具代表性的是戈德曼及其同事们（1993 年）的研究，他们将 94 名表现为某种 TLP 的患者和 100 名表现其他人格障碍的所谓的"精神病"患者进行对比。通过比较揭示出，TLP 患者中有 50％ 的人在家庭中流露出实体的消耗障碍，而对照组则为 27％ 的比例。对于 TLP 方差研究具有意义的另一变量，是情绪障碍的表现，其中抑郁症出现在 36％ 的TLP 家庭中，而对照组出现的家庭比例为 19％。最后，患者父亲身上的反社会性质的行为举止，作为第三种有研究意义的变量，TLP 患者的父亲出现比例高达 23％，而对照组中患者的父亲出现比率仅为 3％。

波普及其同事们的研究（1995 年）、特别是约翰逊及其同事们（1998 年）和特鲁尔及其同事们（2003 年）的研究，则更为精准，它们突出了 TLP 的代际间传播。在这三项对比性研究中，学者们发现，患者的 TLP 会传播给子女，而在对照组中，患者传播给子女的，一方面是双向情感障碍，另一方面是精神分裂症精神障碍。

最后，魏斯及其同事们进行了比简单比较更加深入的研究，他们提出，这些患者本身固有的心理结构的不稳固性，很可能会使他们承受比其他人更多的情绪障碍和更多来自父母的举止影响。在他们的研究中，患者父母的精神病理表现未被看成是有意义的，但这不能说明这些患者在面对障碍时的心理是极端被动的。

2.2 依恋过程的错乱

对于失去亲人的经历和过早遭遇父母分居的经历会产生人格障碍的研究，主要集中在勒内·施皮茨对收容所的研究成果方面。他在论著中认为，儿童在生命中的最初两年，如果在母亲—孩子关系中突然出现情感缺失，那么会对孩子心理和身体的发展造成各种影响。这就是依恋性抑郁症概念的起源，依恋性这一修饰语传统上被用于定性极限状态患者与其客体间的关系。

不同的研究（鲁道夫及其同事们，1990年；博兹甘涅及其同事们，1993年；拉波特及其同事们，1996年；扎那里尼及其同事们，2000年；福纳吉及其同事们，2000年）都清晰表明，相对于由其他类型"精神病"患者所组成的对照组来看，TLP的发病率会因患者在童年时期存在失去亲人的经历（如父母离异、父母某一方过世、被安置在其他家庭）而大大提高。这些分析结果，很少强调父母的形象对患者心理结构的影响，而在心理动力学研究中，父母的形象被当作对患者心理结构分析具有鉴别性的支持。依恋过早出现障碍，很可能会逐渐妨碍自我极限的制造，进而妨碍人格的认同。这就为弥漫性人格（埃里克森）症候群奠定了基础，O.科恩伯格将其看作是人格极限组织的支柱之一。这种分析在福纳吉及其同事们所做的研究（2000年）中也得到了认可，福纳吉论证到，依恋障碍消极地影响着心理复现表象的过程,这些复现表象涉及自我与他人。他进而写道,这一特征只对表现为自我构成障碍的极限患者有效。

博兹甘涅及其同事们将研究更加向前推进。他们参考了由 M.马勒所提出的分离—个性化概念。在他们看来,青少年时期很可能会存在分离—个性化的第二阶段, 在此时期内,某些母亲可能会倾向于过度保护她们的孩子,从而会使孩子难以克服失去或离开自己喜欢的客体这种心灵打击。这些TLP 患者的依恋特点,同时还会引发一些认同障碍。

2.3 被忽视与被欺辱:造成重大创伤

为数众多的对比性研究(鲁道夫及其同事们,1990 年;戈德曼及其同事们,1992 年;拉波特和古特曼,1996 年;扎那里尼及其同事们,1997 年;帕里斯及其同事们,2000 年;里奥缇和巴斯基尼,2000 年;杨及其同事们,2002 年;特鲁尔及其同事们,2003 年),以及为数众多的回顾性研究(赫尔曼及其同事们,1987 年和 1989 年;帕里斯及其同事们,1994 年;贝利及其同事们,1999 年;扎那里尼及其同事们;1999 年;莫雷及其同事们,2000 年;高立艾及其同事们,2003 年),可以使我们从中得出这样的结果,即肉体和性方面的欺辱,在患有重度 TLP 病人的家庭中出现得更加频繁。拉波特和古特曼(1996 年)引证到,83% 的 TLP(N=731)患者都曾遭遇到各种各样的欺辱, 由其他人格障碍的患者组成的对照组则为52%。杨及其同事们的研究(2002 年),则将 TLP 患者与另外三组患者进行了对比:类精神分裂症人格障碍患者,回避型人格障碍患者和强迫性—强制性人格障碍患者。研究结果表明，TLP 患者都经历过较为明显的心理创伤，比另外三组患者更早地暴露出各种创伤。这几位专家毫不拐弯抹角地对文章做出结论，提出在童年时期……甚至在成年后，TLP 和性创伤（*sexual trauma*）之间存在着某种特别的关系。麦克莱恩和盖洛普（2003 年）的研究结果也与此吻合，他们斩钉截铁地明确指出，患者父亲的乱伦是造成患者 TLP 的重要诱因。

其他一些学者，一方面在一本评论性期刊中支持这些研究观点，但另一方面又质疑其研究是否应与病原学相关联。令人惊讶的是，扎那里尼及其同事们在最近的一项研究中（2000 年），重新质疑他们于 1997 年和 1999 年的那两次研究，并得出结论，即性欺辱对于 TLP 的病情发展，既不是必要原因，也不是充分原因。福莎缇及其同事们也是如此，他们在 1980 年至 1995 年间的文献期刊中发表了新颖的研究成果，即评估童年时期遭遇的性欺辱所造成 TLP 的发病率。而如今他们却冷静地得出以下结论——性欺辱很可能不是心理学上的主要诱因，或者说不是 TLP 的唯一病因。

如果先前的变量充分代表一种创伤程度，那么相对于专家们最常选用由肉体和性方面欺辱所组成的变量来说，我们只能将先前的变量称为小项。当数据表现出极大的差异时——发病率从低于 10%（克莱默及其同事们，1998 年）直至 83%（拉波特和古特曼，1996 年），就不得不令人对其质疑了。如果说最明显的解释出自研究记录的创立（评估方法 + 样本），那么对我们来说，问题一方面是对*欺辱的定义*，另一方面是*研究者所期待的内容*，而这些内容是不可控的，并导致对没有问题的方面进行归纳。在回忆性的交谈中很容易发现患者某种创伤的经历，前提是学者们期望看到它作为导致所研究障碍的要素而出现。当我们在倾听患者的肉体和性方面受欺辱的经历时，问题在于道德立场容易受到破坏。

最后，如果这些受创伤的经历表现出一种发病率，那么它们一旦失去了允许其存在的领域——家庭，就会无法前行。一些研究中（博兹甘涅及其同事们，1993 年；魏斯及其同事们，1996 年和夏驰傲及其同事们，1997 年）再次提到这一点，研究认为，家庭中出现了机能障碍，既表现为各种冲突的完整倾向和不稳定性的完整倾向，又表现为母亲的不可靠性或家庭缺少团结。

因此，这些依靠 TLP 病原学的经验论研究告诉我们，这种精神病理实体是因在家庭环境中遭受创伤所引发的受害立场而导致的。不过却对此出现一种怀疑，怀疑这种病原学的有效性，或者更确切地说，是怀疑遭受创伤经历的实体和突如其来的 TLP 这两者间的关系本质。

3.TLP 诊断的有效性、准确性、敏感性

我们列举的这些全部研究，都包含着一种确诊为人格极限障碍的临床实体。这种发病机理的维度，在创伤的内涵方面，似乎是特有的。然而，令人十分惊讶的是，从其他人格障碍与行为障碍中，也能看到这样的结果，虽说不是完全一致的，但也可说是类似的。病原学的研究结果在针对犯罪学所实施的精神病理学领域中，也是相同的情况，即无论观察到

的行为是什么（少年犯罪、暴力行为、性侵犯……），都能找出完全符合 TLP 的结论（查理艾，1999 年，2000 年）。这就表明，研究的方法如同研究的结果一样，经过并通过了一种论断，从而使我们对这些研究者们及其相关的研究成果，越来越抱有期望；这种甜头导致数据清一色化和规格化，无视涉及人群的复杂以及遇到的或然判断不统一，产生接近的甚至是混淆的数据结果。此处采用的临床静态模型，明显是依托于社会需求领域、安全政策领域和公共健康领域，同时也源自一种线性因果的合理体系。这就使我们再次提出 J.-P.莱布伦的假设，他指出，对精神病理学的研究和命名方法，与社会的发展是相互依存的。这些观点使我们可以质疑 TLP 诊断的有效性，使我们可以思忖，诊断所评估出的，是否就是这种障碍，或者说，是否会使占优势的论断所提出的心理结构的影响变得有效；我们也应同样质疑这种围绕极限状态的概念而提出的场合效应，它试图以另一种科学的表达法来摆脱之前被广泛认可的论断。因此它认为，诊断具有一种分保价值，可以开辟出一片领域，使某些患者置身其中，接受被认为有效的经验性的临床治疗。此后，在这一公共场合中，患者与心理健康专家们不断相互了解。

除了有效性之外，还涉及诊断的*准确性*和*敏感性*，即评估当时诊断的稳定性，以及恰当地区分各类患者的诊断资格。如果说计量准确性和敏感性具有全面的优势，那么应着重强调青春期这一阶段，因为准确性和敏感性在此期间的计量令人质疑。涉及 TLP 的流行病学研究表明，TLP 似乎是遵循某种普通的、高斯式的分布，其峰顶很可能处在青春期。这里需要弄清的是,患者出现的临床症候(情绪障碍、抑郁、易怒、冲动……),到底是属于一种极限状态,还是属于心理遗传学认为的青春期状况。当诊断评估未考虑临床症候出现的场合时,对其过分依赖,会使医生忽略上述症候。某些纵向的研究,是针对青春期阶段 TLP 的实际发病率,因此具有极大的启发性。

无论哪项研究(雷伊及其同事们,1995 年;玛塔纳勒及其同事们,1995 年;梅哲及其同事们,1998 年;特鲁尔及其同事们,1998 年; 伯恩斯坦及其同事们,1999 年; 莱彻和扎那里尼,2001 年; 谢伊及其同事们,2002 年; 扎那里尼及其同事们,2003 年),每项研究都反映出青春期人格障碍诊断的不稳定性,并强调,对于这一年龄段来说,疾病分类方面缺乏有效性。梅哲及其同事们(1998 年)指出,先前的研究数据似乎表明,青春期阶段不断增多的 TLP 确诊病例数,会随着社会阅历的增加而变得萎缩。这些纵向研究的成果说明,对大多数 TLP 患者进行超过三年以上的长期分类是不可取的。学者们还补充道,这些不会好转的症候中,包含着抑郁症,多动症以及成瘾行为和受虐狂。扎那里尼及其同事们(2003 年)围绕一份由 362 名住院的 TLP 患者的样本开展了为期六年的研究,其结果显示,其中 34.5% 的患者在两年后不再出现这一诊断结果,这样的患者在四年后比例为 49.4%,在研究期结束时比例上升至 73.5%。学者们明确指出,消失最快的症状是冲动性格,而消失最缓慢的症状中,包含着与控制痛苦情感相联的症状,以及最后才消失的涉及人际关系的障碍。

如果说因有意义的临床症候相对混杂、而导致鉴定一种可能的"极限症候群"存在不同观点的话，那么学者们都赞同提出一种"重度"极限障碍，它从童年至成年一直很稳定，其最初症状都早早地出现并记录在患者的病历中。正是这种障碍早发性特点，可能是区分稳定人格布局中的 TLP 和那些*因纵容的环境而诱发出的"极限表现"*最好的临床指标。正是依据此结论，才能很好地分析出青春期与 TLP 间的关系，这种关系即使表现不出严格的相关性，也会揭示出其共现性，这种临床意义也是很宝贵的。归根结底，青春期与 TLP 既相互吸引，又相互排斥，使医生深陷某种不明确的动力学中，不断探寻对极限障碍强度和深度把握的恰当之处。

> 我们遇到了 S 小姐，20 岁，她在经历了学校和教育机构中的多次失败之后，到此进行精神病诊断。她生于韩国，出生仅几个月之后就被收养。其病历记载着，她从 14 岁开始出现一种多动症，并伴有反社会的行为，交替发作较为明显的抑郁症。她经受不了挫折，几乎不能通过传统的语言途径表达自己的苦恼。当被告知要去进行治疗时，她会将一个花盆扔出房间的玻璃窗。
>
> 在她与其他人的关系中，S 小姐本能地给我们展现出令人难以接近的画面。她把其他人过度理想化，以仰慕的冲动拉近相互的距离，由于过近而刺到对方，而后将对方推远并去掉理想化的光环。她在住院之初就一直保有穿戴原本属于其母亲的一件夹克衫和一条围巾的习惯，她说，这样是为了"她可以总在我的身边"。当母亲来医院探望她时，赞同研究的态度与必然引发的冲突形成了鲜明的对比。她在之前受教育环境中和治疗环境中，也总是这样的表现。
>
> 10 个月的住院期，可以有机会在现有框架内实施一项针对职业生涯的教育规划。这种对社会的心理倾注，延缓 S 小姐的病情发展，使她的心理逐渐成熟，表现为其防御策略重新平衡，尤其使她能够维持一种合适的人际交往，对于受到的挫折和与他人保持距离，是主动包容的，而不是被动忍受的。我们在面对这位表现出极限障碍各种临床症候的年轻人 S 小姐时，观察到其症候却是相对不稳定并且易受到环境变更（这里指青春期和所属亚群体的改变）的影响，因此将 TLP 的诊断搁置一边，因为这种诊断在监测期内已经失去了其有效性和准确性。

这些经验论的研究如同临床缩略图,凸显出借助 TLP 诊断的困难性。由于深深扎根于表现为抑郁和行为举止范畴的社会实体中,TLP 通常代表着"到位的诊断"。它不同于其他诊断,拓宽了研究的领域,尤其是在青春期这一阶段中,评估其与纵容环境之间的相关性。在此意义上,评估 TLP 的方法,就是使临床医生在观察患病实体的多样极限时,避免迷失研究方向的关键所在。北美学者们对极限方面的专著成果,就可为此证明。

4.TLP 的评估方法

我们要再次强调,本章所论述的 TLP,仍是源于行为主义占主导地位的盎格鲁-撒克逊人的理论。我们将要参照的模式也同属这一研究角度;当参考范畴是标准不一的心理动力学时,使用这些模式可能会缺乏条理。

研究 TLP 的学者们大都使用针对边缘性的访谈诊断(简称 DIB;冈德森及其同事们,1981 年),以及 1989 年起修订后的形式(简称 DIB R;扎那里尼及其同事们,1989 年)。这种模式被 F. 谢娜及其同事们饶有兴致地译成法文并被验证(1993 年)。需要注意的是,还存在一种适合青少年人群的译本,它在当时未被验证的情况下,就由夏布洛尔及其同事们应用在其外延研究中(2001 年)。

DIB R 的实施模式

DIB R 通过可能对诊断具有关键作用的四个方面,来评估人格极限障碍:

- 各种情感
- 认知力
- 各种冲动行为
- 各种人际关系

最近两年间,针对患者性格特点的评估,采用了 129 项交谈。这些封闭式的问题,当提问者需要更多的信息以评价回答时,可能就变成"半开放式的"。实施的时间在不同患者间是各不相同的,平均需要 45 分钟至 1 个小时。

DIB R 的问题样例

情感方面:

"您经常地感觉到焦虑吗?"

"您经常地感觉到非常孤独吗?"

认知力方面:

"您经常地对别人感觉不信任或猜疑吗?"

"你是否听到过别人都听不到的声音或声响吗?"

冲动行为方面:

"您是否出现过失去过冷静以致对某人叫嚷、吼叫的情况?"

"您是否想过自杀?"

人际关系方面:

"您是否多次地担忧会被您的亲人们所抛弃?"

"您是否会感觉到自己非常地依赖他人?"

DIB R 的标记

每一项的旁边都有 0-2 的数字。数字 0 表示否定的回答(不),数字 1 表示"有可能"的回答,而数字 2 则表示肯定的回答(是的)。每此访谈都包含着某些项,对于情感和认知力方面,评分为 0-2 分;冲动行为和人际关系方面,评分为 0-3

分。每位患者通过完整交谈被评定出 0-10 分这样的尺度。

DIB R 判定的标准和门槛

依据扎那里尼及其同事们（1989 年）的标准

具有极限人格	不具有极限人格
得分 8 分及以上	得分 7 分及以下

DIB R 与经验论研究，在构成同类样本方面是一致的。然而，从临床和治疗的角度看，这一模式仍表现出局限性：一方面，DIB R 只考虑 TLP 是否存在而已。它并未针对 TLP 的特征性进行调查。我们很清楚，这种病理实体的特点表现为各种临床症候的混杂，使患者露出各种面目。另一方面，针对那些得分低于 8 分的患者，无论他们是否接近这一数字，这一模式的得分结果并未提供任何可以下结论的信息。因此，当患者对 DIB R 承担倾注负担过重时，有必要添加其他模式，来确保评估不会偏离方向。

正是这些极限状态，促使学者们去寻求评估 TLP 的一些其他方法。因此，J.帕里斯和 H.茨威格-弗兰克（2002 年）参考了《精神疾病诊断与统计手册第四版》的标准，通过与患者的访谈和患者的行为，提出了可以确诊的标准。不久之后，两位学者出版了他们关于评估 TLP 的有效尺度的研究成果。M.-C.扎那里尼（2003 年）提出了针对边缘性人格障碍的扎那里尼测定标准（简称 ZAN-BPD），在这位专家看来，此标准是评估极限障碍及其病情发展的首要标准。A.阿内兹及其同事们（2003 年），则提出了边缘性人格障碍严重指数（BPDSI），即通过半结构化交谈来评估 TLP 临床表现的出现频率和严重程度。虽然这两项有效研究被证实是令人信服的，但是其内容由于使用英语表达，故而限制了其在法国的传播使用。

因此，盎格鲁－撒克逊学派，在一大批更注重治疗而不是去理解患者的经验论成果的支持下，心安理得地支配一片领域，证明自身 TLP 诊断的合理性。这些病人都是从精神疾病中心"选出来的患者"：他们说一些社会变革的事情，并由此兴趣越发浓厚。问题是，没有先证明这些患者的存在是否合理，而是先假设其存在，以便形成一个磁石，一旦患者被关注的行为举止被弄懂后，就被整理好，然后将它们与患者的存在联系在一起。不过这并不掩盖盎格鲁－撒克逊人对此项临床研究的贡献，它为我们提供了一种可以说是动物行为学的视角来看待这些患者，这一视角使我们在心理动力学领域中，能够尽快熟悉因过于分散而很难理解的一种临床治疗手段。

第四章 极限状态在精神病理学方面的精神分析研究方法

在《成年人的精神病》(2002 年)这部著作中，J.–L.派蒂尼艾利和 G.希门尼斯都坚持自己对精神病理特点的解读，也影响到我们对解读、体会和分类各种精神病理所采用的方法。上一章的认识论领域一直在描述人格的极限障碍。这就等同于找出具体病情，以便辨认该障碍并勾勒出其表征。首先需要探讨一种"极限症候群"，它汇集了通过外部可观察到的、可被归为一类的各种征候。例如，因愤怒而无法自控的暴力行为、易怒、不断伤害自身……它们表现出的冲动性格，被当作 TLP 的标准。这一认识论领域是一种精神病学的知识领域，它并未否定精神病理的研究方法。恰恰相反，它是研究精神病理中"有效"复现表象的基石，对于精神病理学视角的敏感性来说是必不可少的。如果这种精神病理学视角是对一些无意识过程的描述，那么它首先就宣扬一种内涵式的研究方法，此方法是揭示无意识的心理机制，它是疾病临床表现的论据。虽然精神病理学无法对分类进行数据统计，但是它依靠对心理机制和其他无意识过程进行内涵式的解释，从临床的适用性方面，给予分类一种既具思辨性，又具启发性的维度。针对极限状态，我们力图揭示出的，正是这些带有焦虑的极限患者的心理机制，当将其与神经官能症和精神病的病发模型相对比时，这些心理机制就构成了精神病理学分类的支柱。

因此，本章将阐释第二个谓项，即极限状态在精神病理方面的精神分析法谓项，它可以超越只关注现象的做法，又不废止这种做法。此外，我们选择介绍最常出现于精神病理学文献专著中的模型。继承让·贝尔吉的理论，形成的不是一种激进立场，而是一种方法论，它力求促进极限状态的临床理论和实践清晰可辨。对此，除了在回顾开创精神病理研究方法同样也是精神分析研究方法的这两位先驱者时字数颇多之外，本章看上去就像是被缩减后的段落。我们将遵循后设心理学中的不同坐标，分别介绍极限状态的遗传学表象、心理系统图解表象、动力学表象和数据表象。之后，将探讨对神经官能症、精神病和极限状态的临床表现之间的差别研究。最后，我们将阐述对临床具有启发性的方法，即能够着重突出极限状态的心理机制和心理过程的方法。

1. 依据神经官能症和精神病系统看待极限状态的遗传学表象

精神病理学越来越关注极限状态的遗传学表象，因为它说明心理机能发生了变化，无论是健康的还是发病的。深思熟虑后，我们想首先介绍神经官能症和精神病在心理遗传学方面的发展情况，以期更为突出极限状态，在心理遗传学方面的发展情况。

1.1 神经官能症系统的起源

所有的神经官能症都出现并扎根发展于婴幼儿期,并且与出现在性欲发展各阶段中的一种错乱有着直接联系。儿童的心理特点在其生命之初(0岁至3岁),是由快乐原则所支配,即寻找冲动性的即时满足感。我们将对此探讨心理的初期过程。神经官能症患者会毫无实际困难地度过性成熟前(口欲期和肛欲期)的不同阶段,只要他在这段时期里放弃原始的快乐,其代价是或多或少地感到心烦(与他人共有母亲,饥饿感推迟,获得洁净……)。然而,这些阶段对于神经官能症患者来说,是一些确立点,即"性欲与客体间、性欲与图像间、性欲与性满足方式间的独特联系"(舍麻玛,109)。当患者经历过一次心理冲突之后,就会去寻找与这种确立点相连的满足感。于是我们在探讨一种心理退化。这些确立点和性成熟前的心理退化都是至关重要的,因为它们会决定神经官能症心理组织的症状表现。例如,强迫性神经官能症的特点是肛欲期的一个确立点,它决定某些人出现过分追求洁净、井井有条或者尽善尽美的强迫症。

神经官能症形成于生殖器官开始发育的恋母情结时期(3岁至5岁)。此阶段会表露出爱慕与敌对情绪,这些情绪在面对父亲和母亲时,会分摊成各不相同的行为方式和思考方式,从而表明进入了三方关系(即进入了三角关系,或进入拉康所指的象征中)。这既是被阉割的焦虑和需求自慰的时期,但更是个体确立身份并进入家族的时期:这段时间正是识别出两性的不同以及自身在家庭代链中的独特地位的时期(我是某某的儿子或女儿）。恋母情结的结束，对于神经官能症患者来说，标志着一种新型的约束欲望的行为方式的出现，它与男性生殖器有关，会使儿童放弃自己先前所认定的想象事物和自己无所不能的想法。这种继恋母情结之后形成的超我，是建立在听取父母和社会禁令基础之上的；这也是理想实例（尤其是自我的标准）的构成，它们与现实中的准则是一致的。现在我们就来探讨这第二个心理过程。

恋母情结渐渐消失后，就会开始进入潜伏期（5 岁至青春期），这一阶段的特点是使内心的冲动蛰伏，以促进理智化、移情甚至是内心升华（它使孩子们表现出对周围事物增强好奇心，并且不断提出问题，走进非常友善的人际关系中，增加对艺术领域的兴趣……）的心理机制发展。这种蛰伏只有在遭到"青春期"的破坏（居东，1991 年）时才会消失，而后者的出现，将会依据与之前生殖期如出一辙的模式，再次激活内心的冲动：这就是青春期的骚动。

神经官能症系统中的病理学表现，通过构成的征候，阐释出一种化解内心冲突的尝试，这些征候都是以隐蔽和象征的方式表露出来（例如通过梦境或幻觉）。它们是两方妥协的形成，一方是希望自我满足的本我的冲动要求，另一方是由超我和外部现实所共同承载的各种禁令。神经官能症的形成与严重程度（强迫症、歇斯底里症或是焦虑性癔病）将取决于患者在性成熟前的心理退化水平和强度，无论是在青春期还是在心理创伤之际，都是如此。

1.2 精神病系统的起源

我们要说,精神病形成于性成熟前。其预先成形期,事实上是在口欲期,这一时期表现为初期的心理过程,即表现为理想化的自我所支配的想象力,它代表了初期的自恋,即自认为无所不能;创立并维持与母亲形影不离的关系,或者更恰当地说,是与母亲意象形影不离的关系,这种意象同样包含着母亲的替身(例如乳房,以及更广泛的那些付出关怀和细心照料的人……)。在过早地遭受挫折影响之下,精神病患者将"终止"从无能为力转为放弃形影不离关系模式的这一过程,进而阻碍他完成区别,阻碍他认同自我,阻碍他进入现实世界。精神病引发出一种新现实,里面的主体与客体,无论是内心还是外表,都是不明晰地混杂在一起,他们之间的各种交流并不是以同他人相关的方式被感知,而是以一种简单的自恋式倾诉的方式被感知。

除了在口欲期的过早的整体确立之外,精神病系统还提出 J.拉康所讲的"父姓的逾期作废"的心理机制的特殊性。如果神经官能症所表现的特点是三角关系和相异性的出现,那么父姓的逾期作废则说明上述特点不可能出现在精神病中。父姓的逾期作废,是在拒绝、而非接受这种象征意义的第三者,而这种所谓的第三者,正是在心理机能的无意识基层及拉康所指的现实中,确保了约束欲望规则的执行。这种重要的拒绝,针对的是象征第三者的符号体系中具有生育器官的能指,标志着恋母情结及相关作用是不可行的。

潜伏性的恋母情结期,也不会出现于精神病中。除了一些早发性精神病和二次童年[①]病情之外，精神病患者到其青春期为止，与其他孩子没有任何根本的不同，当青春期带来首次内心骚动时，精神病患者会躲在自己十分了解的地方以应对内心骚乱。这就是口欲期的整体退化以及谵妄的形成，以便作为保护层，来对抗被感知具有威胁性的外部事实，从而保持内心的完整性。精神病系统揭示了患病的不同精神状态，它们在急性精神病和慢性精神病之间飘忽不定；如果前者（突发多样性的谵妄症，以及急性谵妄性精神病）也会出现于一些神经官能症兼极限状态的个体上，那么后者（精神分裂症、偏执狂、胆汁质躁狂症）则是精神病患者所特有的。症状学领域的精神病主要征候是，与现实丧失联系和重大认同障碍，依据病情还可能出现不了解自身病状、一些幻觉、动作的失误和大量的焦虑[②]。

1.3 极限状态系统的起源

　　介于神经官能症系统和精神病系统之间的极限状态系统，有时会重提前两者的内容，但是极限状态系统发展了提及的内容，并赋予其无可辩驳的特殊性。极限状态患者不同于精神病患者，却与神经官能症患者类似，会顺利地度过口欲期，然而，对他来说，这一时期是被倾注大量精神能量的一个重要确立点。肛欲期将成为极限状态的接合期。作为极限

[①] 关于这种患者，请参阅 K.盖尼赫，2002 年，《儿童的精神病理学》，巴黎，娜唐出版社。

[②] 如需了解更多信息，请参阅 J.–L.派蒂尼艾力和 G.希门尼斯合著，《成年人的精神病》，2002 年，巴黎，娜唐出版社。

状态的确立点,这一时期表现为与客体关系矛盾的特点(被比喻为儿童压抑后迅速排泄的长条形粪便,一方面是为了满足儿童仍以自我为中心的好色心理,其身体既是好色的源头,又是好色的对象;另一方面作为交流的方式,它使儿童体验到统治和服从的真实感,也使父母体验到这些),维持着由理想自我的伟大感所决定的想象力,感受到与生育不相关的好斗心理和好色心理,它们是形成心理机能中性虐待狂和受虐狂这两个极端的温床。作为极限状态发展的绊脚石,肛欲期是过早破坏性创伤出现的舞台,这种创伤在统计方面上被解释为能量的大量汇集,从而在心理机能内部造成破坏,并制造一种紧张点,迫使患者对此抵抗。这种创伤如同恋母情结一样过早地突然出现,使得儿童的防御方式不足以应对内心稳定环境变混乱的情况。J.贝尔吉明确指出,它可以被理解为某种"诱奸",此处的"诱奸",是指让·拉普朗什提出的"广义"的概念,而不是"狭义"的概念,后者与西格蒙德·弗洛伊德提出[1]的歇斯底里神经官能症的发病机理模型 Neurotica 相关联。这种创伤既可能是成人对儿童实施的真实诱奸,又可能是想象之物,按照现实的尺度衡量可能不是一件大事,但在想象力的精神舞台上却成为一件大事。在费伦茨看来,还可能是一种"混淆",即当儿童以温柔的方式呼唤成人时,后者采用色情的方式进行回应。

---

[1] 针对这种患者,请参阅 J.拉普朗什,1987 年,《精神分析法的新依据》,巴黎,法国大学出版社,以及参阅 S.弗洛伊德和约瑟夫·布洛伊尔合著,1897 年,《歇斯底里研究》,巴黎,法国大学出版社。

这种初次创伤的突然出现,是对自恋心理基层真正的触动,导致极限状态患者实施两种重新配置。第一种配置是退化性的,在于重新找到一片让人心安的精神空间后对其倾注,以便对抗这种错乱。患者退回到口欲期,借用那些属于精神病的防卫机制:区分对待、否认、心理投射。正是对此内容,这两个学派找到一片共有的内容,并很可能导致这两种学派相混淆。第二种配置,是由第一种配置导致的结果,它导致性心理的发展,具有比 J. 贝尔吉指出的"极限状态患者共性躯体"内部的正常潜伏期更早更持久的"伪潜伏期"。这就意味着,心理发展过早地被阻滞或是被"布置",将会阻碍患者性器官的成熟和恋母情结的出现,对某些患者来说,性成熟和恋母情结过程将会比它们在现实中的经历、建立和超越更长久。这种伪潜伏期将会掩盖真正的潜伏期,继而覆盖青春期和成年期,从而聚敛冲动,"导致日常生活中常常出现一些既令人生厌又令人担心的心理不成熟的情感"(贝尔吉,1998年,28)。

极限状态系统是在不稳态中相对稳定的布局。某些患者在以弃世、伪装(虚假自我的人格)——以反倾注为代价之后,能够在这种伪潜伏期中一直维持生活,这种生活尽管不舒服,但却是"被巧妙地安排好"。共性躯体的代偿失调会伴随着"第二次破坏性的心理创伤"而突然出现,这种创伤从数据统计的观点考虑的话,等同于第一次创伤程度。这种自恋的实际创伤,会使口欲期就出现过的心理退化现象重新浮现。不过,这种早期的防御方式无法阻止因焦虑和抑郁产生的厌倦情绪。J. 贝尔吉将此看作一幅"青春期发作的漫画":

迟来的、紧张的、突然的、简短的,让人重新思考自我的深层结构组织及其先前的心理布局,因为它们在此表现出无力补偿心理系统诱发出的衰退。因此,对极限状态的患者来说,有可能通过如下三种精神病理学途径,找到一种更有效的防御体系:

——神经官能症途径:需要超我表现得足够稳定,以便能够联合自我,共同对抗来自本我的冲动。这将会使极限状态因能量的流动,达到一种恋母型心理组织的等级。

——精神病途径:当源于本我的冲动力量,消除掉一部分此前维系着极限状态与现实间合适关系的自我时。

——心身途径:当可以开展精神化工作的复现表象职能,出现倾注解除时,引发躯体和心理方面的退化形式,分不清是刺激还是表达。

> 对极限状态所处的心理布局造成破坏的病情,通常出现在深深质疑患者的认同能力时。正是一些意外事件(家人去世,家中添丁,亲友结婚,青年人的离家出走,失去工作或退休家中,涉及身体完整性或情感方面的遗憾……)刺激了极限状态患者的自恋的心理基层,使它遭受破坏,最终无法承受创伤经历所带来的心理负担。
>
> M女士是一位25岁的女患者,在她生完第一个孩子后,来寻求医生的帮助。她讲述了一段重要的抑郁经历,尽管这段经历是冗长的,并且似乎与任何表面可鉴别的病因都有联系,但最终它是与一种混乱的感受相关联,这种感受拷问着她的三重角色:某某的女儿、某某的太太,以及现在新增的某某的母亲。最明显的临床表现是,与自己孩子维持一种矛盾的关系,有时拒绝接受孩子,有时过度保护孩子。而不变的,则是一直情绪消沉和情感焦虑,说明患者害怕失去对方(无论是她的孩子,还是她的新角色所面对更宽范围的其他人)或是害怕迷失自我。在交谈过程中,她极尽全力才表述出自己的痛苦,这种痛苦给她的身体带来沉重的负担,并造成她无法给孩子喂奶和进行基本的卫生护理。我们也尝试使用反移情的特殊手段。然而,满怀疑问和满腹牢骚的M女士,迫使我们不得不划定交谈的范围,比便能为她的这种虚弱认同状态建立一种支撑。这对

于彼此来说，可并非是轻而易举的事。此外，从她的话语间可以发现，她在面对未来时，尤其是涉及"和谐应对其多重身份"的能力时，是无能为力的。这种突发事件似乎已使 M 女士陷入一个黑洞之中，这一黑洞不断抽走与这些倾注相联的能量，使她被心理结构变空虚的感觉所纠缠。

除了这些"急性的发作"，即对打乱了极限状态布局并可被明显鉴别出的突发事件所产生的反应，还有一些稳定的发作和原始的发作存在于患者的心理防御中，这些病情发作并非是"显著的医疗事故"。这些是性格障碍患者的心理布局和心理倒错患者的心理布局。

a)性格障碍患者的心理布局

它通过成功实施的防御策略，远离抑郁，这种策略是依靠一种持续的、与现实相匹配的能量消耗来维持。这一策略会采取三种形式：

• **具有神经官能症的性格特点**：这并非是传统意义的神经官能症，而是与极限状态的稳定布局相符合，其布局与神经官能症的发作方式相似。这些患者的病情发作，会使其获得心理机能需要的相对稳定，这种心理机能表面上不具备心理结构的、生殖的和恋母的方式，只是在"戏耍患者"。

临床症候：J. 贝尔吉认为，常常是一些最活动亢进的患者，生活在脆弱和虚幻中，他们基本上可以控制自己的行为，具有刻板的防御性的道德判断，几乎从不会承认自己"得病了"甚至是更小的异样，然而却指责周围人是那么的脆弱。它的病理学基础，在所有极限状态患者的身上都会出现，即持续的自恋空虚感。

• **具有精神病的性格特点**：不同于传统意义的精神病，

这里并非是与现实相关联的明显错乱。而是在于,当一部分自我因判断出坏现实可能会危害个体自恋的完整性而与现实分离时,如何通过这一部分自我去评估疾病。这种评估的不足之处,在于不是特殊的,它可以在某些方面找到精神病的影子,但是它也并未完全符合精神病的心理机制和基础过程。

临床症候:J.贝尔吉认为,是一些表现出不同反应的患者,这些反应与现实之间的关系是矛盾的。对此,一些人认为他们具有某种天赋,然而另外人则不赞同这种看法,直言不讳地将他们称为"一些精神失常的人"。他们在上演一出人际关系的杂技,即一种心理和身体上的活动过度,需要被喜爱或是被畏惧,以便促使自身不断产生新的动机。他们的最终命运会十分矛盾,一方面,他们才华出众;另一方面,当他们之中出现与现实更为格格不入的人时,后者就会突然离世。

● **性格反常**:这会让我们回想起先前无论是 A.艾尔格(1989 年)还是 P.–C.拉卡米艾(1992 年)所描述的关于*自恋型心理本能反常者*的内容。如果说它就像传统意义倒错中出现的对现实局部而集中的否定,那么这种否定并不是针对妇女需要拥有阴茎和随之带来的自豪感,而是针对其他人与众不同的自恋心理。在这种情况下,对方被认为是具有威胁性的,因为可能会阻碍极限状态患者的自恋意图。所谓"性格反常者"的关键,在于剥夺对方的自恋心理,然后把对方当作"同伙",不是将对方作为分化出的个体,而是作为患者自身自恋的延伸,从而参与到对方的快乐之中。

临床症候:J.贝尔吉认为,这些患者更类似一些"小偏执

狂患者",他们以一种明显的攻击性方式,保卫着内心的自恋领域。我们可以这样评论他们,这是一些既咄咄逼人又温文尔雅的人,在其行为举止中,我们感觉不到任何恶意,仅仅是一种修复阴茎的强烈需求。

b)生理本能反常者的心理布局

通过增加专门针对女性的否定,实现远离抑郁。这又表明,只对拥有阴茎进行自恋倾注是不稳定的,极限状态患者很难解决这种不稳定。J.贝尔吉的这些心理动力学描述,将生理本能反常者的心理布局重新引向更接近传统意义上的心理倒错,就如同我们在弗洛伊德著作中所看到的一样。可以这么说,他"清算"出第三种心理结构,并将它安放在极限状态可能出现的病情发作中。

医生们自以为是地将患者判定为生理本能反常者,这并非通过患者明显的着魔妄想,而是通过患者的缺陷,所以这种"被安排好的"生理本能反常者,从对部分客体的崇拜倾注中寻找快乐,这些客体就等同于阴茎的作用。由于无法做到自恋的完全性和完整性,这种生理本能反常的患者将会陷入反复讲述的深潭之中,并被指引着追寻自己的圣杯。最后,在穿越极限状态全部的广阔领域时,生理本能反常者会对抗最阴沉的抑郁性焦虑,这群人具有的反常的心理布局,在靠近共性躯体中谨慎的心理布局时,冒险最多的就是性冲动。

我们将会看到极限状态发展的复杂性,它一直在神经官能症和精神病之间寻找属于自己的地位,并有时甚至与它们并归到一起。我们也将再次提出 J. 贝尔吉对极限状态的描述,即与当代社会相关联的临床或然判断——这是一种将患者与生活中出现的、会潜在造成创伤的境遇进行对照的临床判断，患者随后出现一种脆弱性，它恰好为抑郁情感做好铺垫。因此，极限状态比其他精神病理系统更有必要从后设心理学的其他坐标中去考虑，以保证评估的有效性。这是为了避免对病情的评估会因社会关联的影响而发生过分偏差，因为这种社会关联构成了众多"与心理相关的"领域都需要的一种需求，这些领域是评估方面的、或是定位方面的，是具体的操作、或是纯粹的研究。

2. 极限状态的心理系统、动力学和数据统计表现

2.1 心理机能的空间结构

常用的是借助三种传统实例，以期在神经官能症和精神病中，详细说明出心理机能的本质和运作情况。自我、本我和超我，三者依据随机的发展方式，相互关联、相互排斥或相互补偿。

在神经官能症中，每种实例都被充分转化得足以确保其是实现最佳的功能。内心的冲突表现出混合了自我和超我的反抗，以避免本我的触手影响心理机能的各个意识层。稳固的自我很好融合了超我发出的禁令，使患者具有责任心与犯罪感，这就促进了心理修复的进程。三种实例的最佳转化，并不能阻止各种病理学表现。我们注意到，超我可能是专横的、过度膨胀的，它被大量焦虑所引发的偏差所推动，并对自我

实施影响,患者对焦虑的抵抗,是借助一些强迫性神经官能症的冲动模式下的强迫念头。

至于精神病,它既暗示出本我在心理系统中的支配地位,又表明它会使这一冲动储存器(即本我)发生外溢。由于本我是源于快乐原则,因此当它遇到基于现实原则的外部现实时,就会被卷入其中并与之发生动态冲突。而此时的超我,则被引向无关紧要的位置,因为精神病会过早地阻止超我的发展,它关闭了通向恋母情结及其成形后影响(其中就包含着超我的早期成长)的大门。心理冲突在精神病中以二元的方式上演,一方面上演着两种互相敌视的实例间的对抗,另一方面表现出对潜意识压抑力量的排斥及使用谵妄解决冲突。在临床中,我们在对比精神病患者的行为举止时,发现了"无限距离"(里尔克),它会妨碍患者的责任心、罪恶感以及随后的心理修复进程、心理升华进程和心理移情进程,而这些进程对患者的社会化都是十分必要的。

对于那些属于极限状态的患者,应该超越传统的三种实例,去参考那些会给心理机能带来另一种轮廓的理想实例。这些实例有助于建立西格蒙德·弗洛伊德在其文章《为了引起自恋》(1914年)中所提的自恋,而通过其1921年所写的文章《群体心理学与自我的分析》,可以更深刻地认识其发展情况。

想象的自我是初期自恋的重要先兆,它使儿童通过想象出的事物,坚信自己无所不能的想法。在这一时期,儿童会产生与自己非凡想象力非常吻合的复现表象,这些复现表象既是针对周围的环境,又是针对自己的身体。想象的自我延长的这种初期自恋，有助于转化自恋单位，这种初次童年的保护罩，也将会成为精神病患者的保护罩。

自我的标准在弗洛伊德的著作中被定义为"因自恋的汇集、识别父母、识别父母的替身、识别集体的标准，而产生的人格实例。作为一种分化出的实例，自我的标准构建了一种模型，对此患者一直在努力适应着"（拉普朗什和彭塔力斯，1967年）。自我的标准作为心理进程次要化的结果，深受恋母情结的主要影响，使患者必然采取与外部现实相使用的设想，这一外部现实既使患者避免遭受过多的失望，又使其放弃自己无所不能的观点。在极限患者身上，通过他们病情的特殊性，我们观察到，自我标准的构成存在一种缺陷，即在保持初期自恋的显著特点的同时，又不会与之完全一致。当自我的标准被阻滞到几乎未被转化的水平（可能需要理解我们，才能讨论想象的自我）、与此同时极限状态的部分自我在意识清醒地努力适应周围环境的时候，冲突就会产生。我们也注意到患者在应对自我的这两种防御态势时，所采用的方法。对于第一种态势，患者会实施一系列的能量倾注，以便使自我符合理想的实例所承受的强烈期待。在临床中，是一些自恋不断膨胀的个体，他们无法容忍自己的理想受到挫折，即使他们知道这些理想是无法实现的（这就是极限状态的精神病理布局）。对于第二种态势，患者会付出很大代价，对自我实施反倾注，消耗能量用于改变自恋的或然判断。正是这样的患者，会以极端的方式而非和谐的方式，贴近现实（即"正常感应"），或者力求掩饰由伟大理想所支配的那部分自我（虚伪自我的人格）。更通俗地讲，这种临床病历显示的*抑郁*，表明患者在解决自我和自我理想之间冲突时的无能为力。

2.2 焦虑的本质、它与客体的关系

每种精神病理系统都表现出一种特殊的焦虑，它是外露的，易于理解的。这种焦虑被理解为患者所维系的、与周围人之间持续的一种关系，其周围人就会决定焦虑的本质。我们将在此讨论它与客体的关系。

*神经官能症*特别表现为一种被阉割的焦虑，它会让患者感觉丧失生殖功能和生殖器的威胁，而这些属性能够使患者在成长初期识别自我。这种威胁通常来自于对方，当患者对生殖方式进行倾注时，如果对方的自我识别足够稳定，那么对方就成为各种强有力禁令的载体，从象征角度看，对方就成为能够实施阉割的角色。于是，文献专著中或多或少都会提及那些"引起被阉割焦虑的母亲们"，她们具有过度膨胀的超我，力图剥夺子女的各种欲求，拒绝给予他们必要的心理空间，从而无法使他们去感受现实并从中形成一种自我识别。其后果是，这些孩子变成其母亲人格的替代品，这种必然的人格令人担忧。我们还应注意到，这种被阉割焦虑是多样的，表现为不稳定的临床征候，如同神经官能症[①]的模样。

*精神病*中，出现的则是*被分割*的焦虑。即害怕看到自恋单位——这一保护罩，被某一事件所伤害，这一事件源自被

[①] 针对这种患者，请参阅 S.弗洛伊德研究并建立"小汉斯"的病历，已发表于《五种精神分析法》上。我们从中发现其完美揭示了所提及的阉割焦虑，在那篇文章中是以一种焦虑性的歇斯底里表现出来。

看作具有威胁性的外部现实。被分割的焦虑体现为患者对另一个人形影不离模式的倾注，就如同对方是患者自我的延伸，这不得不让我们回想起童年早期的"嘴—乳房"这种单位。从临床的角度看，我们列出两种方法，能够检验出被分割的焦虑。第一种方法是，患者惧怕看到对方远离自己，也惧怕终止这种早期反复出现并形成的单位。[1]第二种方法是，精神病患者在面对一个外部客体时，很可能将其看作是有威胁的，他的突然出现，会将患者的保护罩破坏殆尽。

精神病患者焦虑的案例

　　P.是一位 17 岁的青少年，在康复中心表现出阵发性焦虑状态。他在每次做出失误动作后，都会持续一段时间古怪的冷漠，并与他人保持距离。P.的父母在几个月之前就已经注意到他的行为举止发生了突然改变，不得不令人觉得是一种类精神分裂症体质。对其以前的状况进行思考分析，会发现他先前有一些神秘主义和意识形态的想法。他在与社会接触时，变得犹豫不决，长时间将自己关在房间里。正是这种长时间与外界隔离情况的出现，使他的父亲对自己儿子的行为既担心又不抱幻想，因而试图进入儿子自闭的房间。在经过多次无效的尝试后，父亲用力撞开了门；然而，一旦跨过门槛，P.便使用这位父亲的步枪，向后者发出致命的袭击。之后，这个青年没有任何的悔恨和某种形式的犯罪感，说出一种"必须这样做"的强词夺理的理由："如果我要是没有杀死他，他一定会把我杀死的。"他毫无顾忌地供认道。这种被称为"精神病"的行为揭示出被分割的焦虑，它经常出现在青少年[2]所犯的谋杀案中。

---

[1] 在 1970—1980 年间的众多关于人格的调查表中，我们会找出一些问题，它们涉及因服兵役离家导致的后果。为自恋单位精神无依无靠的有形化，提供了一种选择的环境。因此，当一些个体因服兵役而必须离家时，他们非常普遍地经历初期的精神代偿失调。这种离别之苦一直或多或少被回避策略很好地控制住。

[2] 针对这种患者，请参阅 B.扎易艾和 S.古洛夫于 1995 年所发表的《未来的青少年犯罪》，国家青年司法保护培训和研究中心，司法部。

在极限状态中，则是一种失去亲人或是被遗弃的焦虑，患者与客体关系的本质与它是协调一致的，这里所说的依恋性焦虑，是参照勒内·施皮茨关于收容所的研究（1946年）。客体作为一种支撑，被倾注给虚弱的自恋情结。这种客体，与神经官能症中的客体并无差别，它既不被吸收，也不被识别为精神病中所观察到的一部分自我。这种客体，或者更确切地说是它所代表的内容，是起到支撑和拐杖的作用，当极限状态患者自恋的心理基层被破坏时，正是依靠这种支撑，才能够得以安心。他们所恐惧的客体远去，将不再保证这种支撑的作用。这既可能是外部的客体（人或物质），又可能是内部的客体（依据远大理想而建立的对客体的复现表象）。这种客体既可能会被患者疯狂地追求，又可能会被患者以毫不明显的缘由抛弃或替代——仅仅是因为患者的自恋复现表象出对自身存在危险，或是因为患者没有提供足以维持功能长期运转的心理结构。

V.是一位二十多岁的女患者，她来到康复中心是因为一些行为和情绪障碍。她的经历充满了无数聚散离合和爱恨交加。她详细地描述出最后一次的恋爱关系："当他正准备离开时，我紧紧抱住他不放。我不停地喊出他的名字。"当我们询问她关于分手之后的经历时，她本能地回答道："一切都已成空了。就好像在他重回我身边之前，我的思维一直都在停止。"情感的大量倾注仅仅是为了预感那些反倾注中出现的激烈而无法预料到的事情。随后，她又重新提起那次与当时最好的朋友发生的激烈争吵："我之前与她定好了约会，但是她却放我鸽子，因为她是所谓的无法像当时约定那样抽身出来。"我们的第一感觉是，看到了她怕被遗弃的经历，它会迅速导致患者将自己的行为看作具有"危险的"合法性："她背叛了我，而我也不能忍受她。她以前总想劝我花钱买东西，而我呢，我总是听她的。"当她以轻松的语气告诉我们要选择"一个更好的新朋友"时，我们对此惊讶不已，因此将交谈的内容重新转移到令她愉快和安心的话题上面。

2.3 心理防卫机制

心理防卫机制是精神分析法中最重要的概念之一，这一点不仅自始至终贯穿于西格蒙德·弗洛伊德的著作之中，而且由其女儿——安娜·弗洛伊德在所著著作中（1936 年）将其突出。如果说这位父亲在其著作中只描绘出十种心理防卫机制[1]，那么它的内容正是在 M.克莱恩和 O.科恩伯格的贡献中被扩大。正是他们对性成熟前的心理运转情况的研究兴趣，揭示出防御知识的概念，而现在专家们已将这一概念与极限状态相关联。

我们注意到这样一种共识，即防卫机制已经在临床领域获得了一种操作价值。它们被解读为"心理疗法过程中，患者心理运转情况的一些标志，或者被看作精神病理中各种障碍的诊断指数"（尤内斯库，雅凯和洛特，1997 年，4）。防卫机制是由自我制造出来，目的是做好自我防护，以对抗本我的各种冲动及与之相关联的情感。而安娜·弗洛伊德（1936 年）则从这些情感中枚举出爱情、欲望、嫉妒、屈辱、苦楚、哀伤。我们将再次举出由 S.尤内斯库、M.–M.雅凯和 J.洛特（1997 年，27）所提出的以下定义：心理防卫机制是一些无意识的心理过程，其目的是减少或消除由实际的或想象的危险所导致的不适效应，方法是修改内部现实和（或）外部现实，其患者的表现——包括行为、想法或情感——可能是有意识的，也可能是无意识的。

---

[1] 退化、升华、反向形成、投射、转变自我和反转、内向投射、认同、抵消、隔离。

a) 在神经官能症中

神经官能症中的心理防卫机制，能够对抗被阉割焦虑或其他由此引发的情感。防御的主要机制是压抑，即在最初形态下，通过否定早期的阴茎能指意义，去构建能指性的链条，或是一种无意识。从狭义上讲，这种压抑是一种次要的压抑，它是自我的一种防御，能够使自我在无意识的领域中否定各种令人不快和难以忍受的冲动或情感。这些被压抑的冲动虽然因此被制止，但是它们并不会变得无所作为，而是形成了或密或疏的编织网，以寻找表达情感的途径，例如通过梦境或是幻觉。这种心理压抑被看作是神经官能症防御核心，在其周围将会聚拢各式各样的心理机制，它们具有高度的配合性。其中最有特点的机制是：

——反向形成，是一种融合了自我和超我的反应，以反对某些被判定为难以容忍的无意识内容和愿望，它们会被一些相反的意象所替代。例如，儿童在俄狄浦斯时期，会突然萌发父母中某一人死亡的愿望，而这一想法会转变成对这位亲人过度的极大依恋。

——升华，一方面是在不改变客体的情况下，力图柔和地转变突然出现的性冲动。另一方面，升华使一些被看作不受欢迎的性冲动和好斗冲动服务于有意义的社会行为。这种好斗性的心态，运用在体育比赛中的竞争意识中，以及艺术创造活动中。

——迁移，多亏了这种心理机制，因自我大量倾注某一客体而引发相关焦虑，被转移至另一客体上，后者则被更少地倾注。它通过将焦虑安放在一个假想更容易躲避的客体上，从而起到保护自我的作用，同时使无意识的动机能够被表达出来，而不留过多的遗憾。这些无意识的动机会在梦中出现的，通过其他形象表达出来，也会在某些恐惧症中出现，到那时，焦虑会转移到一个客体上，后者就成为焦虑的载体，从此被患者躲避。

——隔离情感是这样一种心理机制，它使患者能够分离出与之相联的情感物的复现表象。因此，一件悲痛的事件将会被分离出患者的情感，以便在回忆这一事件时避免再次引发心绪不宁。当遇到心理受创伤的事件或者悲伤的事件时，我们会看到这种心理机制，患者由此表现出一种奇怪的极度冷漠。

b) 在精神病中

相对于神经官能症中的压抑，精神病则具有一种父亲姓氏逾期作废的主要防卫机制。主要是通过将患者幽禁于现实之外，阻止其进入象征性中。J.拉康（1957年）将这一防卫机制看作"导致精神病的主要诱因，其心理结构不同于神经官能症"。精神病早期的防御知识还包括：

- 区分对待。即在某种威胁所导致的焦虑的影响下，"分离，划分自我（区分自我）或是划分客体（区分客体），以便使这两者既能够并存，又能够在无法形成妥协的情况下，相互分离"（尤内斯库，雅凯和洛特，1997年，149）。

- 投射与内向投射，它们与区分对待紧密相联。投射，使患者向外部抛掷出一种冲动（它是自我无法接受的复现表象或情感），然后将其定置于另一个人身上；内向投射则是反向操作，它将区分后的客体中好的部分引回自我，以便对它们认同。

● 否认，它使自我能够防御对抗无法忍受的事实。它针对外在现实的一部分内容。这一事实片段的发生，就如同其从未存在过一样。如果说心理倒错也同样出现否认，那么这种否认应是精神病中的负幻觉。J.-L.派蒂尼艾力和 G.希门尼斯（2002 年）对其提供了一种解释："我看到一个客体，但是一切发生得就好像我没有感觉到他似的。"

c) 在极限状态中

极限状态具有心理遗传学的特点，即拥有一部分精神病的防卫机制，当患者在肛欲期面对突如其来的破坏性创伤时，这些防卫机制就成为了他们唯一的依靠。区分对待、否认和投射这三者非常接近，但是它们的表象和功能是各不相同的。

意象的双重性（贝尔吉，1997 年，106）：在极限状态中，为了对抗抑郁，自我既不会像在精神分裂症中那样被分割成块，也不会像在妄想症中那样被区分开，而是试图通过歪曲自我发生作用，从而辨别外部世界的两片区域。一片是自我可以自由发挥的区域，另一片是深深打上肛欲期特点烙印的心理依恋区域，即支配与从属，与之相符合的是性施虐狂——性受虐狂的极端出现。虽然这两片区域没有像精神病那样彼此互不理睬，虽然其中的一部分没有像神经官能症那样被压抑或被反倾注，但是它们也不能共存。它会导致自我突然从一片区域跨度到另一片区域。其结果，就是自我在配合同一客体时，时而表现出积极的、让人安心的意象，时而表现出消极的、令人生畏的意象，两者不可能实现调和。

M.女士找到我们,并向我们谈论与她一起生活已一年的 W.先生。她向我们讲述了他们共同生活过程中的不断变化。在最初的时候,她迷恋这位男士,"通过他的双眼,我感觉到从未有过的存在感"。"一开始,我们的关系是那么富有激情。他那时所想的,就是我们俩形影不离地做每件事。我那时候沐浴在爱情中。但逐渐地,他的这种爱就变成了肆无忌惮的无孔不入了,甚至让我不得不寻思难道这真的是爱吗。他态度专横,而且越发不能忍受我去享有二人世界之外的生活。……每当我表露出想保持距离的需求时,他都会雷霆大怒。通常我都会不加反抗,而一旦当我无论如何都要坚持己见的话,他都会将我赶到屋外,以各种词汇骂我,然后带着一种苦恼回屋,使我不得不寻思他是不是要做出一些伤害自己的事情。无论我怎样尝试,都无法从中摆脱出来。"这位女士是被卷入表现为极限状态中情绪矛盾的人际关系之中,通过她口述的经历,来阐明其所述意象的双重性特点,是十分有意义的。我们从中找出了使 M.女士觉得被缚上了既有攻击性,又带抑郁感的情感枷锁的缘由,即这种爱已成为了明显的感情敲诈,对她实施计谋,使其无法摆脱。这就等同于,根本不考虑对方能否拥有心理和自态的自主权。我们还注意到,除了他们这种关系外,M.女士还告诉我们,"W.先生是一位十分爱惹是生非的人,与其他人的关系时好时坏,但从未达到危及自身的程度。"这说明极限状态与精神病患者截然不同,它在极限状态维持原状并适应外部现实范围中,与现实保持着紧密联系。

否认,正如临床缩略图中所阐述的一样,主要是与拥有自恋感的客体保持一致的能力。它是对客体实施理想化倾注和(或)去理想化倾注的驱动力。它也可能是一种基于否认对社会的想象。这种否认是以非常特殊的方式触及用于规范社会交流的常规编码。对于极限状态的精神病方面,这种否认对社会的想象,会更为强烈,并为其自编自演的不同表现提供合理的借口。

投射认同是位于极限状态中心的心理机制。它最早是由 M.克莱恩提出,它与区分自我和客体相关联,并建成自我初期的防御整体,以对抗难以承受孤独与分离的焦虑。如果 M.克莱恩将投射认同看作"偏执型类精神分裂症"阶段特点的话,那么它也接近极限状态性成熟前的运转情况。这种防御通过向某一外部客体投射一些冲动或其他被认定为不良的情感,将更易于控制和保护自恋。对于极限状态患者来说,这种投射不是单纯的投射,而是通过认同的方式,成为患者自我的一种延伸,同时患者会努力对这种自我实施全权控制。这种自我与客体一样,同为冲动和矛盾情感的载体,都将导致患者在评估和处理人际关系时精神错乱。同样,极限状态患者将会从外部现实中感觉到一种威胁,它会威胁到患者自恋的完整性,但却又无法精确找到这种威胁。而客体作为患者投射的基石,通常是弥散的标靶,而不是被明确认同的一个标靶。

原始理想化这一心理机制,使患者给予对方或自身一些突出的特性,是理想化的想象,这种想象既占有统治地位,又是初期自恋的载体。正是对他人不切实际的看法,构成了极限状态的特点,使患者会对他人倾注情感,并抱有构建自己觊觎的自恋单位的希望。这种心理防御是为了保护自我,通过建立一些宏大的理想,使极限状态患者的自恋能够依存在上面。然而,这种依存是不牢固的,因为只要出现对客体哪怕是一丝的失望,这种理想单位就将遭受质疑。

从临床的角度看,将原始理想化与认同侵犯者的心理机制相联系,是具有意义的,后者最早是在桑德尔·费伦茨于1932年所写的《语言的混同》中被提出。依据遗传学的观点,各种极限状态是因遭遇到突发现实未能转化而引发的过早创伤造成的。这种不稳定的心理现象,需要找到一种由此引发的焦虑,以便保持"平衡"。在此问题上,J.贝尔吉提出形成共性躯体的假说，认为它能够借助认同侵犯者的心理机制，使患者敏感。

认同侵犯者，是专门对斯德哥尔摩综合征和调节综合征（心理学研究峰会，1984年）临床阐释中被提出，这种心理机制会使曾经遭受创伤经历并猝倒过的患者，去否认那些与患者不幸经历相关的事件和（或）人员的消极方面，继而使患者赞同其中的积极价值，甚至是理想化的价值。这可以解释为，被这一心理机制突然咬住后出现的一些不合常理的态度，即曾被当作人质的被害者，会对施暴者产生一种同情感，甚至为其辩护（斯德哥尔摩综合征）。同样地，调节综合征导致患者以理想化的方式，否认自己在童年时期遭受的性欺辱。尽管证明确有其事，但是一些患者在成年后固执地认为施暴者具有更多的是优点，但是当我们将这些所谓优点与相应的施暴者对比时，发现两者之间毫不相干。这是以一种极端方式来抵抗无法承受的侵犯，而其他更易消化的方式，要么失败，要么无法回归至自我。原始理想化以及认同侵犯者这两种心理机制，能够治理实际的或想象的受害经历，从而遏制住自恋心理基层的塌陷，但也不可避免地打开了通向抑郁通道的大门，然而这种抑郁一直是极限状态患者不断抵抗的。对此还要明确的是，如果以推理的方式思考认为，运用认同侵犯者这一心理机制，会自动说明出现了人格极限组织的话，那么这是非常危险的想法。

去理想化，即极限状态在对自身自我和他人付出理想的和无所不能的倾注时，因倾注代价过于沉重，而得到的必然结果。这一心理机制具有其存在的价值，它使极限状态患者期盼从他人身上获得一些特殊的满足。然而，即使是被患者认定为客体最小的缺点，都能使患者达到非常安心的高度，不过这种去理想化的安心是不牢固的。其临床表现可以解释为，极限状态患者没有能力承担其理想受挫。在患者看来，相对于要承担自恋骤然的收缩来说，把自己的理想从一个客体转移到另一客体上、并认为是对方的错，会更容易些。

付诸行动，应该被看作是患者避免内心冲突的一种策略，而不是自我心理防御的传统策略。在身体、心理的某些组织中或其他吸毒行为中，付诸行动表明，欲望→欲望的幻觉——这一链条已经断裂。它通过运动性宣泄的方式进行倾注，即促使极限状态患者寻求阴茎，以实施隐潜的自我色情妄想倾注。

K.是一个25岁的年轻人，几年前从拘留所释放后，混迹在一所教育机构中。他那惹人厌烦的口头禅具有的挑衅性质，表明他既拒绝他人，又需要他人。他恶习未改，使自己变成"在学校受人敬重"的人，并且对自己这种"拿手把戏"非常自豪。我们并不关注他所犯错误是多是少，而是注意到他犯错时是小心翼翼的，于是我们向他询问当时正在"下手时"的切身感受。我们所关注的，是这种操作方式，即"你是如何迷恋上这种事的？"一旦话题停留在其有特色的"弯路"这一话题上，K.便打开了自己的话匣子："的确，我走了许多的弯路。但是，当我走弯路时，在我身上发生的事情，既非常奇怪，又非常美妙。……让我满足的，并不是扎戳一些东西，而是这种做法所引发的轰动。……首先，当所有人都聚在别的地方时，我就会戴上一只只露出眼睛和嘴巴的头套，而后就砸开了门。就在那一刻，你会紧张地想知道里面是否有人。这是别人绝不会有的体会。随后，当你进去后，就开始找，就像电影中那样，搜寻每个可以藏东西的地方。再然后，你就会一直紧张，总觉得会有人回来并当场捉住你。"当我们问他是否感兴趣将偷来的东西转卖掉时，他的回答反映出矛盾的情绪："钱肯定是很重要的，不过我所钟情的，是去做这种事。其他人都知道我的想法，所以为此我挨了他们不少揍。"在被问及他将来会怎么做时，他曾有一次这样说："我肯定还要这样做。如果有人建议我去盗一次窃，我不知道如何拒绝。"K.讲述的自己走弯

路的经历,完全是其常规交流方式的典型样式,其中,"去做这件事'比'这件事本身"更占上风。在他身上,反映出运动性宣泄的倾注。各种感觉体现在了行动的舞台上,然后依据一种几乎是永久性的周期性运动,不断重生,而且他承认,很难终止这种早期童年时被唤起的自体性欲。那是一种连续不断的填充,是对无法建立自恋的心理结构,以及无法坚持对自身协调可靠的评价,实施的反倾注。每当心理结构被质疑时,这种质疑无论来自他人还是来自 K.本人,K.都借助于付诸行动,对心理机能数据进行重新分配,以求达到平衡的效果。

极限状态患者的心理防卫机制,凸显了其特有的情绪矛盾特征。其中某些心理防御的早期表现形式,类似精神病的防卫机制,然而,当防御奏效却代价过大时,我们也能看到神经官能症的影子。如果说心理防卫机制是心理运转的"有效"指数的话,我们也应该对不同疾病实体间界限分类的疏松度,保持敏锐的洞察力。基本上是通过源自后设心理学中三个坐标的临床数据的组合,能够使临床医生对患者的心理运转情况,做出一种推测。这种推测应该考虑其"驱动的"和"指向的"的双重领域,其中,既能够对评估和承担责任的工作进行指导,又能够将观察到的数据,与相关或无关的理论及临床要素联系起来。"动力学专家式"的临床医生,就如同承认精神病论断的实践者,需要将自己的注意力和分析建立在对人格调查研究的技术手段上。虽然这种非指导性的或半指导性的临床交谈能够搜集到患者既往回忆中的一些重要信息,但是最好将这些信息通过投射测试得出的数据补充完整。

3.评估极限状态的心理动力学方法

我们接下来所要介绍到的临床评估方法,在于通过预定义的材料,记录下心理运转时的心理动力学特点。对于心理冲突的类型、焦虑的本质、心理系统不同实例间的整合、以及各种防卫机制等这些抽象的概念,我们既寻求对它们临床观察和临床交谈的可操作性,又寻求对它们投射测试的可操作化。对于后者,我们将特别关注。

3.1 主题统觉测试(TAT)

TAT 是由亨利·默里(1935 年)所建立的一种投射测量工具,既应用于启发性的实验,又应用于临床诊断和临床治疗。TAT 属于主题测试系列,内容还包括 R.佩龙提出的人物及图像心理动力学测试(DPI,1969 年),以及 E.施耐德曼提出的看图编故事测试(MAPS,1932 年)。这就意味着,图片的潜在内容对一些主题进行提问,这些主题是明确的,并与心理现象中的心理动力学组织相匹配,例如:恋母情结的构建、认同进程达到的水平、抑郁状况的建立、对冲动的管理和约束、焦虑的本质、心理冲突的本质、与客体关系的本质……这些不同的主题,就构成了预先设计好的表格,设计者依据的是精神分析法。TAT 的过程包含三个要素,即一个指令、一些图片以及一次临床会面。

——对患者提出的指令,是下面的内容:"请您通过这张图片,想象一个故事"(审图的指令,1990 年),这样,对于患者投射的自由发挥,足具指导性和灵活性。这是在鼓励患者通过被刺激后产生的复现表象,来讲述一个故事。也可对患者施以帮助,询问他在所讲述的故事情节之前和之后,都发生了什么(默里的指令,1943 年,以及波拉克的指令,1953 年)。

——图片是以照片或是图画的形式呈现。可以依据全部图片的明确特点，设计出一个连续性展示：从结构最严谨（清晰的刺激／导向的投射）到结构最松散（模糊的刺激／非导向的投射）；从最形象的图片（人物清晰的展示）到最抽象的图片（没有人物展示，或虽有人物出现，但是很难判断其性别和年龄）。

需要首先关注的是，指令与图片的特点，以便揭示出极限状态的特点。通常会观察到患者遇到两方面的困难。一方面，是对指令的遵守。如果指令被当作一个范围，那么患者经常会从中脱离，要么因为他们无法承受重压和严厉，要么因为他们力图断然违背指令。因此，我们需要对每张图片都至少重复一遍指令，更清楚地表明指令，以便患者 L. 这一中学生理解力水平的人，能使我们加入其投射进程中。他的投射进程出现多次"在滑雪道外的滑行"的情况，那些时刻，L. 就会停止讲述故事，然后天真地向我描述或向我表示"你的诡计很愚蠢"。另一方面，患者在勾勒出所看物品所代表的象征意义时感到费力。这可以解释为患者贫乏的表达思路，包含着很少的内容，最后变为这样的描述："在那边，是一个男孩，坐着并看着自己的小提琴。没了！"（图片 1），我们向 K. 所展示的 16 张图片，他的答案都是如此。这种"纠缠于图片表面内容的做法"（审图）使患者在叙述中，抛弃了自身的各种情感和人格蕴涵。这种人格使患者与我们保持一段距离，我们认为，对某些患者来说，这种做法是有益的，它可以使患者能够隐藏自恋，尤其是隐藏导致自恋外泄的缺陷。

——临床会面在实施 TAT 时，是必不可少的内容。在图片展示后，临床医生将会看到关于患者冲动或情感的凝缩，以及面对患者对此做出的反应。这是迁移—返迁移的经历，它会不断地揭示出患者心理运转情况的特点。

我们接待了 H.，并按照心理参照表的范围对其实施 TAT。一开始，他在面对即将开始的任务时，表现得很冷漠："我这样做，真的只是为了让你们高兴"，随后他表现得非常谨慎，对我们开始向他展示的材料既好奇、又排斥。尽管 H. 的表达思路很匮乏，但是他的态度尤其值得我们注意。在执行指令时，他表现出很敏感,不断出现自己无所不能的立场:"就是它!这太容易了!"当我们对图片内容进行相反评论,对他实施倾注时,他表现出犹豫不决:"你们打算让我怎么讲。这些板面上空无一物。它们都是旧的。我从上面看不出任何东西。"在实施第一部分过程中,H.是服从指令的,并讲了一些简短的故事。我们注意到他看待我们的态度。由于将我们看作为"好的客体",H.很配合我们,为自己讲的故事寻找一种有效性,好像就应该存在一个善意的答案,好像就是我们确保了它的存在。"你们呢,你们看到相同的东西吗?是不是我所讲的那个?"他不断盯着我们,以催促我们使用目光或不断点头,来为其故事加标点。他需要得到我们的关注,才能继续讲下去。很明显,此时的我们,代表着对他投射的一种支撑,他的投射需要支持,才能够出现、然后维持,并最终留住。在实施第二部分时,我们发现他所讲故事的质量和数量都在下降,并且变换场景的水平也在下降。需要注意到,在测试者讲述能力下降的同时,展示的都是结构和图像内容最少的图片(从图片 11 开始),并且也有来自我们这方面的做法,"激起了"使他不愿再讲述的意愿。于是,H.就改变了行为。他开始在椅子上扭动起来,双手从图片移到了脸上,并反复拍打自己的脸庞。他无法讲下去了:"总是做相同的事情,我现在已经厌烦了。而且还要用那么长的时间去做相同的事情",并且毫不犹豫地改变话题,使我回忆起他在医院时的一件事;这是一种争执,就好像测试中突然出现的毫不相干的好斗性,它需要这种场合,才能找到其合理性和表现的内容。他之前维持的岌岌可危的构架,此刻已遭破坏。H.站起身,从自己的椅子走到门口,然而又没能跨出门槛。他面向心理学家所坐的位置,嘴里冒出尖酸的评论和指责:"不管怎样,你们毫无用处,你们这个测试也是毫无用处。"他在测试期间出现的昏厥和不快,引起了我们的注意,这应该是实施测试后得到的一种有价值的收获。他离开时是神经紧张的,但是却很自负,也忘记去医疗机构那里打听一下为什么会有对自己放心不下的态度。

实施投射测试体现出的内在特点,使我们能够创立一种空间,患者与临床医生可以在其中相见。以测试作为第三方而构成的这一空间,在即时性的医患会谈时,能够再次上演心理冲突,并具化焦虑。对投射测试有价值的内容,对其他测试也同样有价值,其中包括对水平的测试,一旦被允许摆脱现有方案的严格限制,我们就能够获得各种水平测试的临床材料。这些"补充性的"临床会谈,能够完善对测试的标准分析。

a) **将患者的行为举动看作人格特征的指标，对其记录进行分析**

在 V.审图提到的 TAT 系统中（1994 年），临床医生通过一张张出示的图片，促使患者讲述故事，并对故事进行分析，从中可以得出患者的行为举动。这是一些通过无意识操作，体现的确切指标（在句法上可以标记出来）和／或叙述性的指标（通过这样或那样的形式来组织故事）（审图，1994 年，67）。存在三种不同系列的行为举动，它们实际上分属三种不同病态实体——神经官能症、精神病和极限状态。

——"A"系列和"B"系列的行为举动（自我的克制和不稳定性），会设计出敏感的言语措辞，它是以神经官能症的防卫机制为基础，证明存在一种内心的冲突化。在"A"系列中，冲突由表达欲望的想法和禁止欲望的想法所造成，然而在"B"系列中，通过上演人际关系，来形象地表现出心理实例之间的对抗。

——"C"系列的行为举动（回避冲突）具体细化为五组，通过患者的讲述，它们用以描述患者自恋的运转情况、抑郁的必然结果以及所有的反倾注，患者在讲述故事过程中使用这些方法，是为了对抗那些难以忍耐的冲动动机，而这些动机使患者不会有产生思考或演戏的行为举动（"A"系列和"B"系列的行为举动）。虽然 V.审图并未直接命名这些行为举动，但是他在治疗极限状态患者时，却将患者的心理框架，与"C"系列中的这五组行为举动结合在一起。

——最后，"E"系列的行为举动（初期进程的显露）标志着患者无法认同、思维解体、支配着过时的幻象。作者强调道，即使仅存在这些过时的幻象，不足以推断出患者的病理过程，但是这些幻象还是能证明出患者的人格具有精神病的特征。

懂得在患者所述故事中记录下其行为举动，就要求临床医生事先做好详细的准备工作。要特别注意记录列有患者所有行为举动的"分析表单"。最重要的仍然是，患者在叙述过程中，将其行为举动的名称与其临床的不稳定表现建立起关联。

> 如果相对简单地记录患者的行为举动，则可按照如下范例：在分析表单编号为 A2-8 号中，患者"在不同的解释之间犹豫不决"，然而，要记录下患者行为举动的名称，则要难得多：在编号为 A2-9 的表单中，患者"反复出现冲动的表现和自我防御"。记录患者的行为举动，要求临床医生非常熟悉其行为举动下所掩盖的心理现实这部分内容。

通过对"一张张图片式"的行为举动，进行透彻的、有时是艰难的记录，一方面可以从中把握数据（患者表达思路是否丰富的指标），并能够通过患者给出的回答，描绘出其所属类型的心理图。需要弄清楚患者的各种行为举动，是如何在分析表单所涵盖的三种系列中，分摊开来的。这一心理图一旦被整理好，临床医生就应依据这种分摊情况，提出一种或然判断，并找出相关论据，随后再针对患者的心理组织，提出一种假设。

在极限状态病例中，通常都是首先表现出"C"系列的行为举动占支配地位的心理图，但也从未排除另外两个系列所揭示的行为举动。这样的评定，有利于揭示出极限状态临床征候的多样性，同时也表明，以严格和封闭的方式划分出不同患病实体的这样一种思维失效了。无论如何，应该明确指出的是，记录下患者的行为举动是远远不够的。最重要的是，临床医生依据患者给出的回答，建立起推理的方法，这些回答促成我们对临床病例进行"整体性思考"，而绝非是一个使我们认为固定不变的、货真价实的最终回答。TAT 与其他任何测试一样，只是在作为媒介时才有意义，它作为临床关系中的第三方，通过患者在某一既定时段内感知某种物质时，揭示其心理组织。临床医生的一切方法，都是为了以积极的方式操控测试，将之看成是实施更广泛临床治疗的一个要素，但绝不允许的是，测试的设计者，因受到理论预先假设的影响，而想要赋予患者某个心理结构。对于 TAT，我们很清晰地记录下心理结构的必然结果（贝尔吉提出），促使我们将所有临床表现划分为三方面，并标出其中哪部分是需要我们注意的。

b) 动力学的使用

TAT 使用到动力学，能够在心理学医生—患者这种二元性错综复杂的会面陷入困境时，使患者解除其心理抑制，从而将交谈顺利进行下去。测试构成了第三方，并引导出医患彼此需要相互适应的一些新坐标。配合该领域的这一新要素，医生知道该做什么，不做什么，从而能够获得原始数据，并有利于记录工作、分析工作和对患者临床发作采取措施的开展。这种测试能够更专业地作为临床医生的"临床策略"，以证明自己的直观是否正确。设想一下，当临床医生在他的病人身上，假定出某种极限状态时，他可以有选择地筛选某些 TAT 图片，来验证患者是否具备其专有的特征。

TAT 过程的合理变化，都是从一些结构严谨、图像清晰的图片，转变为结构松散、图像模糊的图片，这种变化，是体现患者构建周围环境的心理能力很到位的指标。极限状态患者在此将表现出其策略的改变。最初的反应时间和叙述故事时间逐渐地延长，证明测试材料和临床医生的激励，激发了患者的某种焦虑，此时的非言语行为（手势语，无法待在座位上……），则起到了更为重要的作用。

某些图片揭示出患者这样的能力，即察觉并消化失去客体和／或抑郁的处境。图片 3BM 呈现出一个个体，其性别和年龄都不明确，倒向一根棍子的一端。在图片的左边有一个含混不清的细节，很难辨认，通常被看作一种武器（审图，1994 年，48）。

> "那里，是一个年轻人。不是！一个年轻的姑娘！"患者 H.沉默一阵后，重新使用'他'这个代词。"他现在在床上，他累了。"又沉寂了三十多秒，其间 H.专心地盯着图片，并做出一些可以解释为明显焦虑的手势语。H.看着我们，并等着我们再次追问他。沉默的时间在延长，随后突然被打破。"这也许某个人，他刚刚得知一个坏消息。他的某个亲戚刚刚死去，他现在正在哭泣。他是那么的伤心，以致都昏倒了。而就在旁边，在低处，那是什么？"他用目光挑唆我们，以便获得可以用于回答的内容。一阵沉寂。我们再次问道他对图片的看法。他随后问道："他是不是试图自杀？那里是一把凿子，就在地上。他就是试图自杀，因为他是那么的绝望。"又沉默了三十多秒。H.没有向我们这里看。他的注意力都集中在图片上。他又再次突然说："这就是一个疲劳的人，并且试图休息。是的，就是这样，没错！"

图片 13B 呈现的是一个小男孩，在一个窝棚里，坐在门板被拆除的门洞的门槛上，屋外的光线和屋内的阴暗形成了强烈的反差。除了反映出患者与客体关系的本质外，也反映出患者承受失去客体的能力，观察患者对失去客体的反应，将作为判断极限状态的依据。

---

28 岁的 C. 所讲的故事

"这是一个小男孩,正在自己家的门口等人。他很伤心,因为他的父母都走了,而且他也不知道他们是否会再回来。他会再等一会儿,但是他的父母不会再回来了。于是他将会进屋。但是在屋里,有一个洞,就在那儿,在黑暗中。他没有看见,然后他就掉了进去。他死了!"

H.和 C.所讲的故事,能够被看作是极限状态患者具有的明显特点,因为他们表现出组织和消化的水平,这种水平并未向他们提供心理修复的渠道。虽然他们非常清晰地察觉到所看到场景中悲惨的方面,但是他们无法从中摆脱出来。他们需要以这样或那样的方式,来回避这一冲突。在第一篇叙述的故事中,我们看到,患者在观察到场景中令人抑郁的要素后,对其完全否认。由于无法越过这种场景,于是 H.就突然不怎么机灵地改变了主意,即更改了故事的内容,而不再继续纠缠于令人心烦的情感。在第二篇叙述的故事中,当离开对方,成为唯一的选择时,这就意味着死亡。我们注意到这样一种悖论,通常被看作是令人宽慰和令人放心的"家"这一事物,其象征着母亲的怀抱,看到它是令人舒心的,然而在这个故事中,却被当作"出现了窟窿",已无法保证其令人安心的功能了。没有出现的对方,就是与患者一同构建的单位,但是已经崩塌了。这是极限状态患者,因不能接受失去对方,或是因对方没有能力确保患者的自恋,所引发一种"性高潮"。

3.2 罗夏氏墨迹测验

罗夏氏墨迹投射测验(1947 年)是一种对极限的检验,指令很简单,就是向患者提出:"这个东西可能会是什么?"其内容是非具体的图像,其表现则具有独特性(一种含混不清的形态,例如,在一个白色底盘中出现了一个墨水污点的图形),这就会一下子引发患者内心与外界之间的对立,并引发患者对主体与客体间边界的质疑。除了上述的图像,还包括依照某一轴线对称出现的一些斑点,以及对身体图像的特殊投影。由此,罗夏氏墨迹测验可以被看作是,基于逆向归纳而采取的识别检验。

那些在 TAT 测试中归纳出的恋母情结特点,没有在罗夏氏墨迹测试中重新出现,因为三角关系的情况并未真正地用图像表现出来,而且欲望与禁令之间的冲突也未被启发。

与 TAT 测试一样,在罗夏氏墨迹测试中提出的问题,也是基于对心理运转所体现的思维方式,进行差别化的评估,然而专门的临床方法却不明确。

患者与现实联系的质量高低,是评估患者能否有效整合外部现实的关键方面。虽然神经官能症患者,以及极限状态患者,对现实的曲解是有限的,但是这对于精神病患者来说,这些曲解则是清晰可见的,并且导致患者做出"不正常形式"的回答,也会令人觉得患者具有"令人担忧的古怪",我们将之标注为 F–[①]。对现实的不正常感知,表明自我在初期的蔓延过程中,会引发一些失败要素。

- *初期进程和中期进程之间的交替,是管理冲动的一种指标。*这种对冲动的管理,在精神病患者身上尤为不稳定,然

---

① 这里是指将其标注为"负形态"。

而对于神经官能症患者来说,会控制得更好,有时候甚至是控制过度。极限状态患者恰好处于这两种极端之间。

● 对冲突的记录,突出的是,患者与客体关系的质量以及患者自恋的心理基层的稳定性。极限状态患者,特别对这些内容很敏感,即失去客体的亲身感受,以及患者的认同模糊不清、定义不清、区分不清,这些可能会导致精神病患者代偿失调。

● 最后,防御系统在心理动力学评估中,同样具有重要性。在极限状态的传统概念及大多数外延概念中,我们能够找出一些"生硬的表达思路,它们都是围绕着患者对自身的确认和对自恋的维护, 是被强烈隔离的心理机制所束缚"。(查伯特,1987 年)。

　　D.女士今年 42 岁。在对其实施罗夏氏墨迹测试时,她刚完成一次戒掉酒瘾的治疗。这是她第三次治疗。她使用的是继父的姓氏,她的亲生父亲已经不认她了。她的继父和继父的儿子,都曾奸污过她,但是对此她从未对任何人提起,甚至也没有向她的母亲谈过,在遭受首位丈夫对她实施的暴力后,她回娘家住了。在和第二个丈夫生活后,她开始和他一起酗酒。在和第二个丈夫分手、并再次和母亲一起生活后,她开始接受戒酒治疗。当她的母亲去世后,她又开始酗酒。她在住院期间,和另一个同样酗酒的男人一起生活,这个男人对她不曾表示出言语上的支持。因此她感到自己必须离开他,于是她离开了医院。

　　她的罗夏氏墨迹测试表述,是一种对极限的大量倾注(形态回答占 69%)。呈现的物质使普通的画面具有一种伪正常态,而她的回答一直很生硬,没有任何情感表露,优先考虑的是表面的物质性。其极限被倾注为保护自我的界限。现实似乎被她用作填补内心空间的空白之处。她的回答保留一种防御性的意义,都是通过抑制涌现的冲动而确立的复现表象;因此,她所感知的"长满枝叶"的树,在被问询时,变成了"一棵着火的树"。同样地,我们也能列举出"伸出头带着甲壳的乌龟"的例子,就好像这种限制性的轮廓,会提供一种外衣,或者说第二层皮。

在人际关系方面,她会突然出现情绪矛盾的结果,其特点表现为积极和消极的理想化交替出现,从自恋的角度看,是令人满足的或令人伤心的理想化,涉及的是对人、对动物、对植物的复现表象;于是:"一条非常美丽的稀有鱼"变更成了一片"损坏的叶子,随后毁于森林大火"。这种去活力的意向,使我们看到一种抑郁的色调,当她描述到"两个人在广阔湖面的映像中相互注视对方,但是这个湖却将两人分开",暗指这两个人无法相遇,此时我们也看到其抑郁的色调。"无论这些反射的图像是直接的还是间接的,它们都指向同一目标:即把本可以为双数的物体,归并为单数,这就是分离。正是这种人格双重性的功能,在通过承认双重性来维持着单一性。"(查伯特,1987 年)。

她的冲动情绪最终很难被抑制住,并带有一种冲动性格和话语重复的痕迹:"正在起飞的火箭","几只扭打在一起的熊",然后"相互盯着对方"、"收紧熊掌"并"再次站立起来采用进攻架势"。这些与防御相关的内容不断出现,主要是因为患者掌握不好与客体间的距离。D.女士的这种结果,是体会到自己在矛盾立场之间左右为难的情感,而没有找出一种能够建立心理能量稳定性的折衷办法。因此,求助于自我毁灭式的行为,在普遍的不稳定心理中,成为一种固定的变项。

　　虽然罗夏氏墨迹测试只提供一种"片刻的写照",它需要更广泛的临床背景分析,尤其是要依靠对患者本人的多方面交谈和问询(使其回想),但是这种测试也适用于精神分析法理论所推崇的后设心理学方面的思考,它正确提出了对极限诊断方面的怀疑。除此之外,它回避对极限正常态还是不正常态的争论,转而讨论更普通的、更少斥责他人的反常思维。同时,实施编号也受其影响。相对于将患者表达思路进行严格编号来说,对患者语篇的分析占据了越来越重要的成分,从而在心理动力学临床领域中拓宽了解释的空间,也没有回避对极限的怀疑。

　　当这些测试被用于更宽泛的临床调查研究时,它们就代表着用以评估心理运转情况的一种有效材料。然而,一直存在的问题是,极限状态患者由于其复现表象功能的缺陷,很难将自身的内心冲突投射在图片上。因此,我们常常会看到一些不容易接受罗夏氏墨迹或 TAT 投射测试的患者,却总是被实施这两种测试。所以,很有必要在实施的测试中引入一种新的数据,以使患者的投射能够找出一种恰当的表达途径。看图编故事测试(MAPS)属于主题测试类别,它更多地使患者能够自己构建图片并使用其编故事。由患者自己选择的、绘有形象或模糊的人物的一些图片,构成了场景的基础,最终形成一个"小型剧场",场景和人物就位于其中。MAPS 测试是非常有趣的,如果测试对象为青少年,那么他们所讲的故事从来不会令人乏味,并且这种测试更多地是牵扯到患者本人,所以 MAPS 似乎是为实施投射提供了更好的支持。患者的任务有两个:一是要懂得安排场景:"是谁? 怎么样? 在哪儿?"二是要懂得设计剧情:"发生了什么事?"此时要优先对患者下达讲述故事的指令,然后再实施积极的构建工作,它使患者在面对材料时,摆脱消极的观点,从而能够符合 TAT 和罗夏氏墨迹测试的实施要求。在此意义上,MAPS 测试,能够为那些在应对传统投射测试时很难积极回答的患者,打开一些局面。

正如我们在本章中所见,由西格蒙德·弗洛伊德推出的后设心理学法则,通过将精神分析法的精神病理研究,划归到遗传学、心理图谱、动力学及数据统计这四个坐标中,使其对极限状态的或然判断复杂化。依靠"后设心理学方面的能人",精神病学机构、教育机构和司法机构中频频出现的"边缘性人格",变作一种外表可以识别、具备固有特征的病态实体。这种轮廓和特征,成为了疾病分类体系中被认为是有效的要素。"边缘性"一词终止了其令人惊恐的名声,现在则起到了让人消除顾虑的作用;雅克·色劳斯(1999 年)所提到的这些打不碎的东西,现在拥有了一片空间,我们可以从中发现并搜集到既庸俗又"科学"的内容。

即使精神分析法中关于精神病理的某种论断,赞同对极限状态进行诊断,那么也不应使我们忘记与极限状态发展紧密相关的疑难问题,这些问题表明了留给理论家和实践家的工作的复杂性。这种复杂性,是因患者的临床征候及其他病理发作共同混杂在一起所造成的。

第五章 极限状态的临床表现 以及推论的弊害

　　这是很难跨越的门槛。最初,当我们还是学生的时候,就准备好穿上"心理学"专业华丽的外衣,在别人或自己的要求下,忍不住将精神病理学的理论与实践分割开:听课争先恐后,老师课上所讲的内容是那么地引人入胜,而将测验卷丢到抽屉里,找一些范例来应付……我们所获得的每次收获,都如同登山运动员眼前新的攀抓点一样,总是推动我们向更高处攀登。然而,只描绘出攀抓点是不够的,应该知道如何攀登,直至握到下一个能够通达更高层次的攀抓点;或者说,应该知道如何从极限状态的理论——这一我们紧抓不放的门槛,转向对其应用性的研究。

　　谈到极限状态,就是要将患者的全部表现——态度和行为,视为与病情紧密相关,从而有利于解读病情。因此不难发现,在文献专著中,这些关联无论是在形式上,还是在不同领域中,都是变化多样的:极限状态与饮食行为障碍;极限状态与身心疾病;极限状态与成瘾的行为;极限状态与犯罪;极限状态与言行间的过渡……如此多的特有关联,给予了极限状态一种强大的解释功能,适用于任何我们决定采取的方式:无论是从患者的行为举止(从表情到言行)入手以推理出极

103

限人格障碍的心理组织，还是从心理组织入手以推理出其行为举止。与其说这种将极限状态概念复杂化的方法，是为了从中抽取理论上和实践上的细微之处，不如说这种通过推论而运用的方法，统一是为了融合，整合是为了加固，贴上了标签是为了易于排列。

本章为最后一章，可以看作是对前面章节的一种告诫。不是针对前几章内容，而是针对我们可能实施的操作方法。我们将尝试通过一些源于实践中的简单案例来指出，在使用极限状态术语及相关理论时，存在的一些偏差。之后，我们将指出，人格组织与某些行为间存在的简单且严格的关联，如果我们将目光不仅局限于此的话，那么极限状态的术语就可以变得丰富起来了。由此，我们建议把握好"控制与依赖"这一对变量，它们跳出先前提出的关联，从而在对患者临床治疗中，形成进入患者另外本性的方式。

1. 推论的弊害

我们将通过引证在某一教育机构举行全体人员每周例会时①，对极限状态提出诊断的这一案例，探讨其推论的弊害。

> 这些住院部医生们，都在等候讲述自己带来的"病例"的发言时间，一个接着一个地在这里发言，进行着一种多学科性的反复重述。其中的两个"病例"尤其引人关注，即 C.和 P.。这两人从一来到治疗机构开始，就与这个机构格格不入。

---

① 我们所听到的这个故事，通过一个由一些教育家所组成的、对实践进行分析的团队所提供的。可以被当作一种案例说明，我们对其所提出的任何解释性的意义，都不敢苟同。

他们的各种挑衅、各种行为、各种表情，无不充斥在每天的生活中，机构也很难对此做些什么、说些什么。C.和 P.由不同的专家负责，这些专家相继发言并提出自己的观点。某些专家更关注这两个青年人的性格，直指他们的暴力行为和远离社会，是无法解决的。另一些专家表示，在面对这些"病例"时，束手无策。还有一些人，认为已经骑虎难下了，如果一旦真的存在这种情况，那么只能劝其退学。这些医生们都显露出自己和机构的为难之处，并表示无力应对此种情况。发言轮到最后，所有目光都聚向了心理学专家。这位专家却给出了不同的评价，并将其他人的遭遇与 P.和 C.的行为举止联系在一起。然后，全体代表又以一刀切的口吻说："假如机构遇到这样的问题，就是因为这些问题学生都是边缘性人格障碍。"这些反应说明，医生们在使用这个向英语借用过来的词汇（即"边缘性人格障碍"）时，并没有表现出任何的拘束，"边缘性人格障碍"就像是建立在普遍含义上的论断中的必有词汇。一些人完全赞同，另一些人先是怀疑，但最终还是加入这一被普遍接受的观点中来。"我现在终于明白为什么我对此无能为力了，因为他们都是边缘性人格障碍啊"，当一位医生这样说完后，另一个人讲得更彻底："我们真是应该给他们留出一个专门的地方，继续留在这里可不行，他们会把这里全都搞乱的。"除了上述看法，还出现了这样的一致看法，即把这两个患者送去作为诊断研究的对象。上述的这一案例，具有极尽讽刺的功效，对于揭示当我们借助极限状态诊治及其理论依据时所存在的不少问题，提供了一定的价值。

问题并不在于讨论诊断的真实性。也许这两名患者在疾病分类学体系中，被当作极限状态患者，但他们极可能是一种既定范围内的极限状态。为了理解这一点，我们还是应该从这样一种假设出发，即每所机构都建立自己特有的术语和价值体系，同样地，每种占主导地位的心理学论断也都建立自己特有的病理学复现表象网。从我们可以说这两位患者是这些既定标准系统中的极限状态时起；这两人抓住了机构的弱点，并且渗入其中以召集其他人，以自己的方式进行抵抗；这些学生揭开了我们在教育关系中所对照的机构和学生自身的各自面纱，而这两者都不去想办法；这些学生揭示了机构的界限，教学关系的界限、治疗关系的界限、迁移关系的界限……我们与机构的不同成员所交谈的，正是这些界限，在我们所举的这一例子中，他们提出了面临的困难，那是机构已无法解决的问题。由这位心理学专家提出的边缘性人格的诊断结果，在此包含着由 C.和 P.的行为所暴露出的一种"机构危机"的意味。我们应该将其看作是有补救意义的事情，使双方都能够消除疑虑，相互认可，并使问题学生最终接受医学诊断，而不仅只认可与自身相关的医师。

之前我们一直在说，诊断的真实性对我们来说并不重要。只有观察到在既定教育机构范围内存在对抗的情况时，才可能会出现极限状态。C.和 P.都是这种机构中的极限状态患者，对此，他们会弄乱那些看上去被建好的东西，去搅乱我们习以为常并认为"理所当然"的已确立的内容。以静态方式进行的诊断，有时会成为"思维的紧箍咒"，它被用作避免出现问题的一种策略；这种避免患者某种主观性的策略，是为了将重点集中在承担责任和技术的有效性上面，但它远远超出了患者可接受的心理状态。这是用于观察事物的方法，它无异于人文科学中对客体的不近人情，反映在教育领域、治疗领域、司法领域……其中的极限状态患者，要么被当作"技术和意识形态科学中的"使者（哈贝马斯，1973 年），要么被当作大呼小叫的呼唤；他们揭示出，技术的发展，希望走在人类存在的问题前面，这些技术在解决问题的同时，也是对其应用性提出了更高的要求。对这一案例的讨论，使我们能够将关注点放在极限状态患者身上，在感知患者时，区分为两个层面：*身份与经历*。

极限状态被当作一种身份，是指将其理解为在社会上或理论上制造出某一方面的不合群和违反纪律。身份,在此明确追求的是,建立对其的身份识别。当这种识别被确立在神智或身体残疾方面,其结果是,在精神病理学领域中,推论出某种症状学;这是冒着"伦理上的"危险,因为毫无根据地推论此人具有一些精神病理,是对此人的伤害。这正是我们在前文提供的案例中所观察到的内容,案例中不同参与者的情感,不能对患者的心理提出建设性意见,而只是为了表达出这一事件的力度和强度。因此,社会所造成的极限状态患者,逐渐使社会坚定了加强防备的决心,以对抗突然出现的、来自个人或群体的危机事件,并在出现问题并解决问题的情况下,采取必要措施。

不同于身份这一角度,极限状态在被看成是经历时,属于患者遭受的一种痛苦,这种痛苦通过多样的、非独有的渠道表达出来。与这种经历紧密相关的主观想法,只有当它在对抗极限状态的身份、并不再返回由我们给予患者的所谓"极限状态"身份的识别空间时,才能浮现出来。这种情况下,要么我们不考虑、也没有办法去考虑其特殊性,要么我们将患者的经历与自身对照,患者对此会不停地反抗。在第二种看法中,极限状态完全具有启发性的意义,它呼吁人们不断提升能力,去反复思考极限状态患者心理运转所违背和搅乱的领域。患者此后能够在人们赋予其新的空间中,找到一些原始资源,以延缓或消化当患者卷入内心冲突时,造成的连续性紧张。

虽然不能否认,极限状态存在于某些行为举止中,但是我们也不能因此就推论出,这种人格布局与假定相关的临床表现之间,存在一种典型的关联。同样,这也是其他大多数专家的共识,我们要承认,极限状态患者所表现的多样化的症候,首先是为了对抗制度。因此,当我们在提及极限状态时,有必要进行整合,而不是排除。这就需要考虑极限症状在更广阔的环境中突然发作,以揭示其含义,而不能将患者限制在一种行为模式中,无可否认,当含义销声匿迹时,采用第二种方式还是有意义的。极限状态患者需要与范围进行对抗来维持自身,患者时而对范围顺从,时而又对其违犯。不管考虑的是患者本人、他人,还是学校……如此多的为极限提供的范围,都将被这种边缘性所搅乱。无论是主动的,还是异常的挑衅;无论是焦虑,还是抑制,都是极限状态患者针对范围实施多形态反抗的显示;它是可以用于记录下患者的心理现象在外景中的表现,由于负责患者的医生,也是外景中的一部分,因此将心理现象进行记录、解读,以及赋予含义的工作,也相应转移到这种医生的身上。

当我们通过将极限状态与其典型行为举止建立关联、并进行逻辑推理时,极限状态患者的这种"身份—经历"两极化,会搅乱这一逻辑推理。不过,这种推理的方式仍然常被使用的,它可以获取并深入了解某种行为举止所蕴涵的心理含义,这些行为可能是成瘾的举动、犯轻罪以及饮食行为障碍。当这一方式用于揭示那些仅在极限状态心理运转中有效的特殊关联时,这种方式就变得有害了。

于是,我们要去研读 H.斯图勒曼关于"精神分析法的精神病理定量分析"的文章(2001 年),文中坚持这一假设,即"成瘾的极限人格,不能被理解为对成瘾行为的通用解释,而应被理解为一种独特的心理组织(即极限),其中的成瘾具有体现具体人格布局的作用,*而非体现大众心理*"(H. 斯图勒曼,2001年,203)。作者在提出自己的假设时,参照了许多研究,它们都力图证实极限状态患者和成瘾行为之间,存在某种特别的联系(如卡特尤乌和卡罗-瑞泽托提出的心理活跃实体,2000年;伯努西提出的吸大麻者,2001年;布德-鲁贝尔提出的惯犯的自杀行为,1999年)。他下结论认为,"所有严重的成瘾行为(在行为举止方面),都应划入极限人格障碍这一范畴之中(在心理运转方面)"。成瘾的极限人格障碍表现出以下特点:与客体保持依恋的关系;对失去客体、被客体抛弃的焦虑。

我们在对这种成瘾行为的研究中,再次清楚地看到,它很难跳出先前相关文献所认同的极限状态的围栏。之所以很难摆脱,是由于"成瘾的极限人格"和J.贝尔吉提出的极限状态,都具有心理动力学特点。归根结底,这一理念更多地是在疾病分类领域中,评估极限状态的基本概念并使之生效,而不是针对表现出成瘾行为的同类别患者整体,揭示其心理运转情况。

极限状态患者与行为间典型关联的举例,以揭示推论的弊害

吸毒者是极限状态患者,因为吸毒后会出现对客体的依恋,这是一种依赖,只有靠它才能使自身不会沉沦。

经常付诸行动的患者及其身心不健康的患者,就是极限状态,患者的行为及身体出现其他症状,表明患者没有能力将其心理的冲突装在心中。

强调了推论的弊害后,我们就能够思考以不一样的方式,面对极限状态患者。构成极限状态理论的要素,应该表现

在其他相关领域中，考虑的应该是被患者不断质询的环境，而不是所谓"具有可析性的极限状态"（A.格林）。

2. 极限状态中的控制与依赖

排除推论，能够得出其他理论概念和其他临床表现，从而阐明可能出现的极限心理运转情况。在迁移关联中去思考，记录下控制与依赖，能够成为对极限进行或然判断的恰当方式，无论是医生、教育者还是其他人，都需要做出这种或然判断。

控制的概念，已被西格蒙德·弗洛伊德多次使用（1905年，1913年，1915年，1920年，1923年……）。1905年，这一概念，同时"与性欲、侵犯、性成熟前口欲期的性器官发育及对渴望的满足相关联"（P.丹尼斯，1992年,1302）。在第二个阶段，西格蒙德·弗洛伊德把控制看作维持自我的冲动，这是一种促使个人追求永生的冲动。此后（1915年），他又细化了"控制／性欲"的关系，将控制冲动，描述为"相对独立于激起性欲的区域"，或者"确切地说，是性欲的独立"（由 P.丹尼斯指出，1992年,1302）。他对此多次引用，以便揭示出儿童想象实施的暴行，这是一种非性欲的本能，只是次要地与性欲相联系。

正是 B.格兰伯格（1960年）将控制这一概念引入自恋癖的病理学记录。这是从心理遗传学的角度，突出患者与客体关系的特点，以及患者肛欲期第一个性虐待子阶段的特点，这正是极限状态建立时期。在这一时期，儿童将自己无所不能的权力发泄到便盆中，通过活动自身的括约肌，以自己舒服的方式憋住或排除粪便。

控制这一术语，如今在由 R.道尔伊（1981 年）和 P.丹尼斯（1992 年，1997 年）所引出的争论中也出现了共鸣。前者谈论的是"控制的关系"，目的是描述出两位患者间一种非常特殊的互动模式，其特点是侵占对方的私有领域，以及通过把客体身份降至完全可吸收的程度来侵占对方。依据我们所观察到的极限状态的情况，R. 道尔伊（1981 年）提出了关于控制在现象学方面的问题，并将其理解为患者在过去经历中对自身实施的控制。

P.丹尼斯（1997 年，12）打算将控制变成一种核心概念，从而重建冲动理论，并重新思考精神分析法的全部理论，此时他将自己的推理更加向前推进了。他认为自己的这项计划"并非狂妄自大"，对此，我们更愿意借鉴他提出的对控制概念具有启发性的观点（1992 年，1298），即"应对控制这一概念恢复兴趣，它似乎与当前正在遭受质疑的死亡冲动概念相符合，同时也表明必须找到一些新方法，去思考那些令精神分析医师和精神分析法理论感到为难的临床病例"。

如果说 P. 丹尼斯证明了控制是个人冲动知识的成分之一，那么 R. 道尔伊则提出控制一方面突显在强迫症患者身上，另一方面突显在生理本能反常者身上，而后者所表现出的控制，是将他人的欲望转化到自己内心，并由此拒绝他人存在的任何独特与不同。临床领域已被控制的概念搅得非常混杂，这就提示我们，在把握控制与极限状态的关联时，可能不应该将其看作"特有的关联"。在迁移领域中被感受出来的控制，将确保某些个体拥有一种"客体的持久性"，持续时间或长或短，这种客体，与其说被倾注为它是什么，不如说被倾注为它代表着什么；患者在心理运转时会抓住客体的局部，并对其大量倾注，证明对于这些患者来说，维持稳定的、合适的人际交往，还是非常困难的。

> 我们在患者心理运转时观察其大量行为，从中确定患者对客体的倾注方式，即患者关注的是客体代表着什么，而非客体本身。于是，被我们认为具有极限特点的青年 A.，告诉我们一个精妙的借代，以对他在遇到压迫源时实施的暴力进行辩解："我，一旦看到穿制服的人，就会向他扔掷铅弹。"在康复机构、教育机构和司法机构中，工作人员也常对当事人实施这种暴力手段，而工作人员自身不会遭受还击。因此，A.的暴力行为归咎于工作人员，后者将尝到苦果。A.所报复的对象，不是随便某个人，而是被区分出的对象。如果我们能够对这种"极限式"暴力充分关注的话，就能够应对那些反抗行为，也能够针对暴力行为，采取一种合适的、显著的解决办法。

在极限领域中考虑控制，当控制在面对外在要素时，会表现出一种明显的依赖感，随后赋予自身一种功能，即遏制住因患者自恋减退或心理结构失效，而不断溢出之物，从而阻止患者采取不稳定的方式去化解冲突。控制与依赖，在极限心理运转中，意味着要考虑构建一个范畴，并相信其中的要素，无法避开患者无所不能的控制。然而，在通过控制与依赖去标记隐藏的极限障碍时，我们要防止使用同类和统一的方法。这些临床心理机制，仅仅对于某些依赖外在要素的极限患者来说是必需的，目的是规避面对自身心理组织的不稳定性。在行为领域中，P.让梅（1997 年，40）提出，在基本暴力与好斗性（贝尔吉，1984 年）之间，存在一种控制暴力（艾斯曼—安布罗西，1998 年），它意味着对……的强制性依赖需求：极限患者，具有隐潜的暴力性，"强烈感受到需求他人，如同一种令人无法忍受的依赖。这种需求使患者具有可怕的消极性,也使他感到自身的衰弱和受到了威胁。对客体的需求,变成了一种侵占,它将客体转化为一种可吸入的力量。……唯一的解决办法,就是针对外部范围,排除掉破坏性的刺激要素,需当心患者在此范围内,力求实施无所不能的控制(即控制 + 无所不能式的自恋:由我们在此指出)和无法做到的、对内心不安的掌控"。

> 　　J.是一位 26 岁的年轻女患者,由于严重的抑郁症,她已经被纳入日单位管理。我们在她身上注意到,无论治疗采用的是谈话小组的方式、还是单独治疗的方式,她都有一种明显意愿,即不愿求助这些考虑到"治疗与工效"的研究小组实施的"传统"治疗手段。正是在这一想法下,J.开始倾注我们的心理机构,同时随着她同玛丽(玛丽是研究小组所引荐的一个教育人员)的深入交谈,两人的关系也成为其倾注的首选。专家组一致认为,J.的总体精神面貌在发生好转,表现出抑郁极少发作。玛丽被看作是对其产生积极影响的人——这种看法被专家组中其他成员所认可,因而她在患者倾注的人际关系中,认为自己是使患者病情好转的重要角色,甚至认为"如果想要 J.接受我们的建议或是其他要求,必须得通过我,才能实现"。几周过去了,事情一直进展得很顺利,只是出现了一些难题。可能是因为 J.抱怨玛丽不再听她的话了,也可能是因为玛丽开始体会到,在这种人际关系中,自己的空间被变为如同"巴尔扎克所写《驴皮记》中的驴皮"。这种状况一直在继续,直至一天早晨,玛丽因身体不适而没有来。那天,J.就像往常一样,来到研究小组那里。然而,她发现玛丽不在其中;玛丽的座位上坐着其他人。J.向我们询问玛丽不在的缘由,我们告诉了她。J.以往都会安心留在这种环境中,然而那天却突然做出醒悟的姿态,就如同她最初来这里时表现的姿态。我们尝试了好几次去刺激她,但都是徒劳的。她一直保持着沉默或是发表尖刻的评论,这种评论针对我们的机构或针对玛丽,而玛丽也渐渐成为这位患者眼中的坏客体:"不管怎么样,我都不能再相信她了;我把一切都给了她,但却什么都没得到;她宁愿去照顾她的孩子,也不愿来这儿和我们一起工作。"傍晚时分,正当某些患者在离开前相聚聊天时,J.从缄默中走了出来,并彻底恼怒起来,攻击了两名试图让她冷静下来的护士。当我们认为她已经听得进去话时,问她为何要这样做,J.为自己辩解道,是因为非常失望,无法再信任"无耻地将自己抛弃的"玛丽了。

　　在临床缩略图中,我们看到 J.找到了一个庇护所,人际关系中的对方，一上来就起到容器的功能。玛丽因某种身体上的某一特殊性而被极大地理想化（已经证实，这位教育人员"长得很像"J.的母亲），因此，玛丽在这种两人关系中，代表一种"不可思议的信任"，这种信任原本不具有包容性的职能，但此时这种职能被唤醒，并且只有玛丽能够在相互交流中做到，其他任何人都不行。这种情况维持在玛丽负责的最初几周，其间，玛丽和其他人认为，J.之所以有了明显改善，是因为患者的本性及她们之间关系变得紧密。但同时也唤醒了患者的自我，从而导致玛丽减少了她们两人之间的距离。此后，玛丽不但没能使 J.摆脱这一范围，而且使自己被 J.的正面刺激（"是你让我变好的，也只有你才能做到"）牵着鼻子走，从而在这种两人关系中支撑着患者。围绕着她们关系的真空点，专家组其他成员就实施委派的有效性这一问题，并未真正进行过讨论。正是玛丽体会到"在这种关系中，自己感到局促"的感觉，暴露出 J.所实施的控制，而 J.则维持着对具有包容性的新范围的贪婪依赖；我们可以在这种病历中，看到这种情感，它是一种关系迁移的后续表现，也被看作极限症状的信号。当玛丽在无力终止这种所有人都赞同的、与患者彼此控制时，为了能够更好地从中摆脱，她便表现出潜意识显露，即，向对方表明，自己无法在这种过度冲突化的空间中长时间待下去，同时也说明，研究小组的做法，会导致玛丽的脆弱性，并存在恶化为精神病的危险（艾斯曼—安布罗西，2003 年）。失神、呆滞，或其他不常见的挫折，导致她请病假（即直接或间接地终止将她们二人带入死胡同的关系），最终引发了 J.的举动。一旦玛丽丧失了包容患者的功能，J.身上的心理组织的冲突化就出现了，因而患者必须实施另一种化解的方式，此时就通过其付诸的行动象征出来了。

我们这里所借助的控制与依赖，是作为一种极限病情的动力学指标，绝不是认为它对极限状态具有解释性或启示性的价值。我们只能说，当这对指标用于记录下患者的态度与反姿态时，可以提出一种不再是水平的线性分析（即推论），而是一种垂直的背景分析。这后一种方式，如同日心说那样去观察外部世界及其开放的空间，它需要临床医生抓住这些临床征候，尤其是极限病情的经过，从而在相关背景坐标中，记录下极限状态患者的心理运转模式。只有这样，我们才能对这种临床病症进行诊治，通过尝试理顺玛丽和 J.之间关系的来龙去脉，以期从中抓住细微之处——在背景具有包容性时，它们能够在最初平衡患者极限的运转情况，而后，当教育人员和患者拉开距离时，这种背景会使患者的心理运转失衡。这样，我们就能研究在照顾或教育极限患者时，应该采取的态度了，其中某些患者在交流中既需要控制，又需要依赖。

J.和玛丽的这一临床案例揭示出，范围对所谓的极限状态患者的重要性，和一些无法跨越的界限。通过揭示一个人的极限与另一个人的极限相遇，就能清楚地看到，若取消彻底分开两人的距离和空间，将两者混为一谈，则是有危险的。换而言之，在这种两人关系中显而易见的是，其中一人的脆弱会使另一人产生共鸣，从而制造危险（至少是心理上的，如果两人相遇后缺乏空间，那么在这样的极端情况中甚至有犯罪的危险）。当极限状态清晰展示出情绪矛盾的原动力造成危险性时，这种原动力就成为了极限状态的特点。当客体离患者过近或过远时,前者就变得对患者具有威胁了。极限状态患者由于控制不好距离,因而会在这两个极端间左右摇摆,其中,对于机构来说,或者对于一般意义上的他人来说,必须注意要提供一种具有包容性的范围,以应对与极限状态患者的人际关系。

在机构的背景下,建立一个具有包容性的范围,是指:提供一个防护装置,或者说是一种"过渡性的场地",以确保治疗方式及专家组成员意见一致的稳定和持久。这可以使机构避免掉入专家组因意见不同而造成的偏差中,但这又会使机构成员的意见,在应对尚未解决问题的患者时成为了唯一的参考。向一名已经身负自身焦虑的患者提供一个脆弱点,会加重其焦虑程度,并把参与治疗的专业医生当作目标,将自己多余的冲动投向他们。当病情较轻时,这种多余的冲动,只包含在潜意识显露中,然而当病情加重时,则会付诸行动。我们很容易理解,机构在极限状态的强烈漩涡中迷失了方向,极限状态之所以出现,就是因为患者冒险付诸了行动。换而言之,极限状态是在患者内心世界和外部世界界限已混淆的空间中找到了位置。

最终,机构所承担的责任和/或跟踪治疗,构成了一种建设性工作,它力求使患者通过其提升处理人际关系和错综冲动的能力,维持自恋的持续性,从而具有更好的精神状态。如果患者的紧张感持续而脆弱,以避免或限制情感大量宣泄的话,那么想要确保患者自恋的持续性,就要求医生既不能对患者压制,又不能对其放任自流,只是为患者保持一个能够应对其冲动行为的客体,并将这些冲动赋予含义。

结　论

　　通过开展对极限状态的唯一合理性的讨论，难道我们真的能够肯定地说，极限状态、神经官能症与精神病这三方面，在我们面对的临床实体中，代表着唯一的透彻的划分吗？极限状态存在与否的这个问题，正如精神分析法是否具有科学性的问题一样，都是很难回答的问题。一些疑问之所以没有答案，是因为其内在的丰富性，它们打开了思维的空间，赋予"临床巡视"一种有益健康的功效。而对所见事实进行记录是那么地让人放心，导致获得的答案是束缚思维的，由于它们都穿有可靠性的外衣，反而会冻结提问者一开始便将质疑转移到理念上的能力。于是，当我们断言极限状态到底"存在"还是"不存在"时，我们肯定会忽略这一点，即这一事实正如其他事实一样，仅仅是一种幻象，对于它曾经是什么，我们早已忘记了。

　　除了这些认识论方面的思考之外，我们还应该把握这样的工作整体，即极限状态问题的结点，是在精神病理方面，它所引发出的不同论断的数量，要远远超过可以解决问题的论断的数量。由于极限状态与伦理学领域紧密相连，因而它需要我们小心谨慎和把握分寸；它表明，我们在与某种认知维持着联系；如同其他存在，极限状态只能使我们不断质疑其存在，而不能使我们保证其真正存在。这种不确定的临床思维的机械认识论，将会防止我们的看法被物化，从而绝不会忘记，在这些极限状态背后，在这种重要且需承担责任的诊断背后，以及在迁移的空间中，既隐藏着又揭露出患者的本质。一些极限状态仅存在于这种迁移的短暂的特殊关联中，正是这种关联产生了极限、自我的极限、他人的极限、对他人论断的极限、极限的极限……如果不将极限状态禁锢在严格的病原学体系中，也不将其禁锢在强行对极限分类的症候群临床治疗中的话，也许这些极限状态就会保留其启发性的意义，并促进精神病理学不断地充实完善。

作为结论，必须说，极限本身并不存在。它是人类的一种虚构之物，它的构建是周期性的，永无止境……我们可以说，只有当极限被认同时，它才会被创造出来。

参考文献

贝尔吉：《抑郁与极限状态》，巴黎，payot 出版社，1975 年。

贝尔吉：《正常人格与病理人格》，巴黎，Dunod 出版社，1996 年。

贝尔吉：《不正常的精神病理》，巴黎，Masson 出版社，1997 年。

伯努西：《大麻成瘾与极限人格》，论文，图卢兹第二大学，1999 年。

查伯特：《抗罗夏氏墨迹测试的精神病理》，巴黎，Dunod 出版社，1987 年。

查伯特：《神经官能症与极限运转情况》，巴黎，Dunod 出版社，1999 年。

舍麻玛：《精神分析法词典》，巴黎，Larousse 出版社，1995 年。

德勒兹：瓜塔里，《抗恋母情结》《资本主义与精神分裂症》，巴黎，Édition de minuit 出版社，1990 年。

德勒兹：《会谈》，巴黎，Édition de minuit 出版社，1990 年。

丹尼斯：《控制与满足》，巴黎，PUF 出版社，1997 年。

德里达：鲁迪奈斯库，《明天所必需的东西》，巴黎，Gallimard 出版社,2001 年。

多尔:《心理结构与心理倒错》,巴黎,Denoël 出版社,1985 年。

道尔伊:《控制的关系》,精神分析法新杂志,1981 年,第24 期,第 117–140 页。

艾格尔:《自恋型心理本能反常者及其同谋》,巴黎,Dunod 出版社,1996 年。

恩里克斯:《从部落到国家》,巴黎,PUF 出版社,1983 年。

费伦茨:《成人与儿童间的语言的混同》,著作全集,第 4卷,巴黎,Payot 出版社,1932 年,第 125–135 页。

芬基尔克罗:《思维的颓靡》,巴黎,编码"论文集",1991 年。

弗洛伊德:《自我与防卫机制》,巴黎,PUF 出版社,1936年,1964 年再版。

弗洛伊德:《图腾与禁忌》,巴黎,Gallimard 出版社,1912–1913 年,1993 年再版。

弗洛伊德:《导致自恋》,发表于性生活,巴黎,PUF 出版社,1914 年,1985 年再版,第 8–105 页。

弗洛伊德:《后设心理学》,巴黎,Gallimard 出版社,1915 年,1982 年再版。

弗洛伊德:《群体心理学与自我的分析》,精神分析法论文集,巴黎,Payot 出版社,1921 年,1988 年再版。

弗洛伊德:《文明及其不满》,巴黎,PUF 出版社,1929年,1998 年再版。

高里:《明显的恐惧》,地中海临床病例,1993 年,第39/40 期,第 45–63 页。

格林:《不公开的疯癫》,巴黎,Gallimard 出版社,1990 年。

居东:《青春期》,巴黎,PUF 出版社,1991 年。

哈贝马斯:《科学技术作为意识形态》,巴黎,Gallimard 出版社,1973 年。

艾斯曼、斯图勒曼、法瓦德:《"暴力"与"好斗性"之间的行动动力或心理变化》,心理医学年报,1998 年,第 156 期,第 596-606 页。

艾斯曼:《对危险性的评估:都要哪些弊害?》,犯罪心理学中的危险性脆弱性,VILLERBU LM(dir),巴黎,l'Harmattan 出版社,2003 年。

尤内斯库,雅凯,洛特:《防卫的机制》,巴黎,Nathan 出版社,1997 年。

让梅:《青少年的暴力行为及其精神病理》,不合法的暴力,MARTY F.(dir.),图卢兹,Érès 出版社,2000 年。

科恩伯格:《极限人格障碍》,图卢兹,Privat 出版社,1975 年。

拉普朗什,彭塔力斯:《精神分析法字典》,巴黎,PUF 出版社,1967 年。

莱布伦:《一个没有极限的世界》,图卢兹,Érès 出版社,1997 年。

莱布伦:《被称为极限的状态以及社会关联》,后现代的患者,P.A.Roult(dir.),巴黎,l'Harmattan 出版社,2002 年。

马勒瓦尔:《极限症候群》,教授精神病理学硕士课程,未出版,2003 年,雷恩第二大学。

尼采:《权力意志》,巴黎,《文雅信使》期刊,1901 年。

帕尔尔、穆切里:《人文科学和社会科学中的定量分析》,巴黎,Armand Colin 出版社,2003 年。

派蒂尼艾力、希门尼斯:《成人的精神病》,巴黎,Nathan 出版社,2002 年。

拉乌尔:《后现代的患者:极限状态的精神病理》,巴黎,L'Harmattan 出版社,2002 年。

哈希亚勒:《极限状态中的患者》, 巴黎,Denoël 出版社,1999 年。

哈希亚勒:《现实与实体间的极限》, 位于后现代的患者中, P.A.Raoult (dir.),巴黎,L'Harmattan 出版社。

斯卡尔巴赫:《对极限状态的病例、临床及精神病理方面的研究》,心理医学年报,1987 年,第 145 期,第 624–629 页。

史密茨:《极限状态》,RFP,巴黎,1967 年,第 245–266 页。

审图及其同事们:《主题统觉测试使用手册》,巴黎,Dunod 出版社,1990 年。

斯图勒曼:《接近成瘾极限人格的概念》,心理医学年报,2001 年,第 159 期,第 201–207 页。

坦西:《极限状态: 概念的演变》,精神病学的演变,卷 XXXVI,分卷 IV,1971 年,第 679–724 页。

第三章所参考的最重要的和最新的盎格鲁-撒克逊人所写的文章

贝利、史莱维尔:《童年时期遭受的性虐待,导致了边缘性人格障碍?》,治疗性和婚姻刊物,1999 年,第 25 期,第 45-57 页。

里奥缇、巴斯基尼:《边缘性人格障碍的预测因素:患者早期的创伤经历以及对遭受损失的依恋》,斯堪的纳维亚人的精神病举止,2000 年,第 102 期,第 282-289 页。

麦克莱恩、盖洛普:《童年时期遭受的性虐待对成年后边缘性人格障碍的意义,以及创伤后应激障碍》,美国精神医学期刊,2003 年,第 160 期,第 369-371 页。

帕里斯、茨威格 – 弗兰克:《一位医学跟踪 27 年患者的边缘性人格障碍》,综合精神病学,2001 年,第 42 期,第 482-486 页。

斯蒂文森及其同事们:《年纪更大的边缘性人格障碍患者的冲动减退》,美国精神医学期刊,2003 年,第 160 期,第 165-166 页。

怀特及其同事们:《对边缘性人格障碍的家庭研究。一篇评论文章》,哈佛大学精神病学回顾,2003 年,第 11 期,第 8-19 页。

扎那里尼及其同事们,《边缘性住院患者的治疗经过》,综合精神病学,2001 年,第 42 期,第 144-150 页。

扎那里尼:《针对边缘性人格障碍的扎那里尼测定标准:对 DSM-IV 所指边缘性的连续测量》,人格障碍期刊,2003 年,第 17 期,第 233-242 页。

兹洛特尼克:《边缘性人格障碍患者临床表现中的性别角色》,人格障碍期刊,2002 年,第 16 期,第 277–282 页。